La Verdad Eterna

Sri Mata Amritanandamayi responde preguntas sobre el Sanatana Dharma

Mata Amritanandamayi Center, San Ramon
California, Estados Unidos

La Verdad Eterna

Sri Mata Amritanandamayi responde preguntas sobre el Sanatana Dharma

Recopilado por Swami Jnanamritananda Puri

Traducción al español: Javier Ruiz Calderón (Shánkara)

Publicado por:
Mata Amritanandamayi Center
P.O. Box 613
San Ramon, CA 94583
Estados Unidos

–––––––– *The Eternal Truth (Spanish)* ––––––

Primera edición por MA Center: septiembre de 2016

En España: www.amma-spain.org
    fundación@amma-spain.org

En la India:
    inform@amritapuri.org
    www.amritapuri.org

Contenido

Prólogo

"La Verdad es Una. Los sabios la llaman con diferentes nombres". Este es el elevado mensaje que la antigua civilización de la India ha dado al mundo. La causa de todos los problemas actuales relacionados con la religión es el hecho de que hemos olvidado este mensaje.

Podemos afirmar que el mundo se ha encogido hasta el tamaño de una aldea gracias a la globalización y a las modernas innovaciones científicas, como Internet y la televisión por satélite; pero, a la vez, la distancia entre las mentes de las personas está aumentando constantemente. El concepto que la India ha dado al mundo –*Vasudhaiva kutumbakam*, "El mundo entero es mi familia"– se basa en la unidad fundamental y en la verdadera unión mental de todos nosotros. La solución definitiva de nuestros problemas está en asimilar este principio de unidad. Aunque seamos incapaces de hacerlo, al menos debemos cultivar la actitud de respetar los puntos de vista y las ideas de los demás. El mundo tiene una profunda necesidad de tolerancia y comprensión. Los principios del *Sanatana Dharma*, el Principio Eterno, que han sido expresados en las palabras de los *rishis* (sabios conocedores del Ser), son capaces de guiarnos en esa dirección. Estos principios son faros divinos que arrojan luz sobre nuestro camino hacia la perfección. El *Sanatana Dharma* encarna las verdades eternas que todos, independientemente de su religión, su casta o su cultura, pueden asimilar y adoptar en la vida.

Este libro contiene la primera parte de una colección de respuestas de *Amma* a preguntas sobre los principios del *Sanatana Dharma*. Las preguntas fueron planteadas por devotos en distintas ocasiones. Esperamos que este libro contribuya a promover la comprensión de los principios del *Sanatana Dharma*.

Los editores

ॐ

Amma responde preguntas

Pregunta: ¿Cuáles son las características especiales del hinduismo?

Amma: Hijos míos, según el hinduismo la Divinidad está en todo; todos son una encarnación de Dios. Los seres humanos y Dios no son dos; son uno. La Divinidad está latente en todos los seres humanos. El hinduismo enseña que cualquiera puede conocer la Divinidad interior mediante el esfuerzo personal. El Creador y la creación no están separados. El Creador (Dios) se manifiesta como la creación. En el hinduismo, experimentar esta verdad no dual se considera la meta última de la vida.

El sueño no está separado del que sueña; pero tenemos que despertarnos para ver que lo que hemos experimentado es un sueño. Aunque todo sea Dios, percibimos todo lo que nos rodea como algo separado porque todavía no hemos despertado a esa conciencia. Sentimos apego por algunas cosas y aversión por otras. Por eso, la felicidad y la tristeza se han convertido en la naturaleza de la vida.

Cuando despertamos a nuestra verdadera esencia, no hay "yo" o "tú": todo es Dios. Lo único que queda es la dicha. El hinduismo enseña que hay muchos caminos que nos ayudan a despertar a esta experiencia, según el *samskara*[1] de cada uno. Probablemente no haya otra religión que tenga tantos caminos, prácticas y disciplinas diferentes.

Podemos modelar la arcilla y darle la forma de un burro, un caballo, un ratón o un león. Aunque tengan nombres y formas diferentes, en realidad no son más que arcilla. Hay que tener vista para ver la arcilla, que es el sustrato de todos esos nombres y formas. Así que hay que abandonar ese modo de percepción del universo a través de diferentes nombres y formas. De hecho, es el Principio Supremo único el que se ha transformado en todas esas formas. De modo que en el hinduismo todo es Dios. No hay nada que no sea

---

[1] *Samskara* tiene dos significados: 1) La totalidad de las impresiones grabadas en la mente por las experiencias, de esta vida o de vidas anteriores, que influyen en la vida de un ser humano: su naturaleza, acciones, estado mental, etc. 2) El alimentar una comprensión (conocimiento) correcta en el interior de cada persona, lo que lleva al refinamiento de su carácter.

Dios. El hinduismo nos enseña a amar y servir a los animales, las aves, los reptiles, los árboles, las plantas, las montañas, los ríos... todo, incluso a una cobra mortalmente venenosa.

Cuando llegamos a la experiencia final, descubrimos que este universo no es distinto de nosotros, igual que los diferentes órganos de nuestro cuerpo no están separados de nosotros. Nuestra experiencia, que hasta ahora se ha limitado a nuestro cuerpo, se expande hasta abarcar el universo entero. Nada queda excluido de esta conciencia. Los que conocen la Verdad experimentan los sufrimientos y las penas de los demás como si fueran suyas, igual que nosotros sentimos dolor cuando nos pinchamos un dedo del pie con una espina. La compasión se convierte en su verdadera naturaleza, igual que el calor es la naturaleza del fuego, el frescor la naturaleza del agua y la fragancia y la belleza la naturaleza de una flor. Su naturaleza innata es dar consuelo a los demás. Si nos metemos un dedo en el ojo, perdonamos al dedo y acariciamos y consolamos al ojo, porque el dedo y el ojo no están separados de nosotros.

La meta del hinduismo es llevarnos a la experiencia de que todos los seres forman parte de nosotros. Cuando nuestra conciencia se expande desde la conciencia corporal limitada hasta incluir el universo entero y experimentamos nuestra unidad con Dios, logramos la perfección. El *Sanatana Dharma* nos enseña la manera de ver a Dios por todas partes en el universo, y experimentar así que no estamos separados de Dios. Para esto se proponen diferentes caminos, como el camino de la acción desinteresada (*karma yoga*), el camino de la devoción (*bhakti yoga*), el camino de la autoindagación (*jnana yoga*) y el camino de la meditación (*raja yoga*).

La religión hinduista se llama *Sanatana Dharma*, el Principio Eterno, porque es adecuada para cualquier país en cualquier época. Enseña las verdades eternas que elevan todos los mundos[2]. El hinduismo aspira al progreso ascendente de todos. En el hinduismo no hay lugar para el sectarismo o la estrechez de miras.

Om asato ma sadgamaya
tamaso ma jyotirgamaya
mrityor ma amritam gamaya

Oh, Ser Supremo,
llévanos de la mentira a la verdad,
de la oscuridad a la luz

---

[2] El cielo, la tierra y el infierno.

y de la muerte a la inmortalidad.
— *Brihadaranyaka Upanishad (1.3.28)*

Om purnamadah purnamidam
purnat purnamudachyate
purnasya purnamadaya
purnamevavasishyate

Aquello es el todo, esto es el todo.
El todo se manifiesta a partir del todo.
Al separar el todo del todo,
sólo queda el todo[3].

Estos son mantras que los grandes sabios nos han legado, y en estos mantras no podemos encontrar ni rastro de un punto de vista que vea a cualquiera como "otro" o separado.

Los *rishis*, los sabios de la antigua India, eran seres clarividentes con conciencia del Ser que habían experimentado la Verdad Suprema no dual. Y esta Verdad fluía en sus palabras, de modo que nunca eran falsas.

---

[3] Si encendemos mil lámparas con una lámpara, el brillo de esa única lámpara no disminuye. Todo está entero, completo. Este famoso *mantra* es la invocación de paz de las *Upanishads* del *Shukla Yajurveda*.

"Dios habita hasta en esta columna", dijo el niño *Prahlada* respondiendo a la pregunta de su padre. Y esto resultó cierto: Dios se manifestó desde dentro de esa columna. Por eso se dice que la verdad llega a las palabras de los sabios. Normalmente, un nuevo nacimiento se produce a través del vientre materno; pero también la resolución de un *rishi*, su concepto mental, se manifiesta como una nueva creación. En otras palabras: lo que dicen los *rishis* se vuelve cierto. Cada palabra de esos sabios, que eran plenamente conscientes del pasado, el presente y el futuro, la pronunciaban pensando también en las generaciones futuras.

El frigorífico enfría, el calentador calienta, la lámpara ilumina, el ventilador mueve el aire; pero es la misma corriente eléctrica la que hace que todos esos objetos funcionen. ¿Sería racional decir que la corriente en uno de esos objetos es superior a la corriente que circula por los otros, sólo porque los instrumentos tienen diferentes funciones y diferentes valores monetarios? Para entender que la electricidad es la misma aunque los instrumentos sean diferentes tenemos que conocer la ciencia en que se basan esos instrumentos y tener alguna experiencia práctica del tema. Del mismo modo, la esencia interna –la Conciencia– que habita dentro de cada objeto del universo es la misma, aunque todos ellos parezcan diferentes al ser vistos desde fuera. Para ver esto, tenemos que desarrollar el ojo de la sabiduría mediante nuestra práctica espiritual. Los grandes *rishis*, que descubrieron la verdad mediante su experiencia directa, transmitieron la verdad a las generaciones posteriores. Esta filosofía que nos han dado los *rishis* es la que ha configurado el modo de vida de la gente de la India.

"Hindú" es el nombre que se le dio a la gente que seguía esta cultura en general. En realidad no es una religión. Es un modo de vida. La palabra sánscrita *"matham"* (religión) también tiene un significado más general: punto de vista. Esta cultura particular es la suma de las experiencias de muchos *rishis* que vivieron durante diferentes épocas y experimentaron directamente la Verdad Última. En consecuencia, el *Sanatana Dharma* no es una religión creada por un único individuo, ni una enseñanza codificada en un único libro. Es una filosofía de la vida que lo abarca todo.

Las grandes almas que vivieron en diferentes países durante distintas épocas dieron a sus discípulos instrucciones sobre cómo llegar a Dios (o la Verdad Última). Estas instrucciones se convirtieron más tarde en distintas religiones. Pero lo que en la India llegó a ser el *Sanatana Dharma* consiste en los principios, valores y enseñanzas éticas eternas que fueron reveladas como experiencia propia a un gran número de seres conocedores del Ser. Después se le dio el nombre de hinduismo; todo está incluido en él.

El *Sanatana Dharma* no insiste en que haya que llamar a Dios sólo con un nombre determinado o en que sólo se pueda llegar a Dios por un camino prescrito. El *Sanatana Dharma* es como un supermercado inmenso donde todo está disponible. Nos da libertad para seguir cualquiera de los caminos señalados por las grandes almas conocedoras del Ser, e incluso para abrir un nuevo camino hacia la meta. Existe incluso la libertad de creer o no creer en Dios.

Lo que el *Sanatana Dharma* llama liberación es la emancipación definitiva del sufrimiento y el dolor humano. Sin embargo, no se insiste en que sólo haya un camino para alcanzar esta meta. El maestro espiritual propone un método que sea el más favorable para el estado físico, mental e intelectual del discípulo. No todas las puertas pueden abrirse con la misma llave. De igual modo, para abrir nuestras mentes necesitamos distintas llaves que se adecuen a nuestros diferentes *samskaras* y niveles de comprensión.

¿Cuántas personas se benefician de un río que sólo fluye por un único cauce? Si, por el contrario, el río fluye por varios canales, la gente que vive a orillas de todos esos canales se beneficiará. Igualmente, como los maestros espirituales enseñan diferentes caminos, hay más personas que pueden asimilar las enseñanzas. A un niño sordo hay que enseñarle en el idioma de los signos. A un niño ciego se le enseña en Braille, por medio del sentido del tacto. Y si un niño está mentalmente retrasado, tenemos que rebajarnos hasta su nivel y explicarle las cosas de un modo sencillo y comprensible. Los distintos estudiantes sólo pueden absorber lo que se les enseña cuando la enseñanza es adecuada para ellos. Del mismo modo, los maestros espirituales examinan la actitud mental y el *samskara* de cada discípulo y deciden qué camino recomendarle de acuerdo con eso. Independientemente de lo distintos que sean los caminos, la meta siempre es la misma: la Verdad Suprema.

En el *Sanatana Dharma*, el traje que se confecciona no está hecho con las mismas medidas para todos. Además, es posible que haya que remodelar a veces el traje de cada individuo para que se ajuste al nivel de desarrollo de la persona.

Los caminos y las prácticas espirituales deben renovarse de acuerdo con los tiempos. Esta es la contribución que los grandes seres han hecho al *Sanatana Dharma*. Este dinamismo y amplitud de miras son el sello del hinduismo.

Si a un bebé de pecho se le da carne, no podrá digerirla. El bebé enfermará, y esto constituirá también un contratiempo para los demás. Se ofrecen diferentes comidas según la capacidad digestiva y del gusto de las distintas personas. Así se mantienen sanas. De igual modo, en el *Sanatana Dharma* el modo de realizar el culto es diferente para las diferentes personas según su *samskara*. Cada individuo puede elegir el método que sea más apropiado para él o ella. Sea cual sea el camino que preferimos, sea cual sea el camino más favorable para nuestra naturaleza individual, lo podemos encontrar en el *Sanatana Dharma*. Así nacieron numerosos caminos espirituales, como el *jnana yoga*, el *bhakti yoga*, el *karma yoga*, el *raja yoga*, el *hatha yoga*, el *kundalini yoga*, el *kriya yoga*, el *svara yoga*, el *laya yoga*, el *mantra yoga*, el *tantra* y el *nadopasana*.

En el *Sanatana Dharma* no hay contradicción entre la espiritualidad y la vida mundana (por ejemplo, vivir en familia). El *Sanatana Dharma* no rechaza la vida mundana en nombre de la espiritualidad. Enseña en cambio que mediante la espiritualidad la vida se vuelve más rica y más significativa.

Los *rishis* también desarrollaron las ciencias materiales y las artes sobre la base de la espiritualidad. Veían las artes y las ciencias como escalones que conducen a la Verdad Suprema, y las formularon de un modo que acabara llevando a Dios. En la India se desarrollaron así innumerables disciplinas científicas: lingüística, arquitectura, *vastu*, astronomía, matemáticas, las ciencias de la salud, diplomacia y economía, *natya shastra*, musicología, la ciencia erótica, lógica y *nadi shastra*, por nombrar algunos de estos campos. El *Sanatana Dharma* no niega o rechaza ningún aspecto de la vida o la cultura humanas. La tradición que existía en la India alentaba todas las artes y las ciencias.

Como se reconocía que la Conciencia Divina existe en todos los seres sensibles e insensibles, en el *Sanatana Dharma* se desarrolló la tradición de que había que considerarlo todo con respeto y reverencia. Los grandes *rishis* veían a los pájaros, los animales, las plantas y los árboles sin la menor traza de aversión o falta de respeto, y consideraban a todos los seres manifestaciones directas de Dios. Por eso, se construyeron templos incluso para las serpientes y las aves. Hasta la araña y el lagarto tuvieron su lugar en el culto de los templos. El *Sanatana Dharma* enseña que un ser humano necesita obtener las bendiciones hasta de una hormiga para lograr la perfección. En el *Bhagavatam*[4] hay una historia de un *avadhut*[5] que tuvo veinticuatro *gurus*, incluidos pájaros y animales. Debemos tener la actitud de ser siempre un principiante, porque podemos aprender lecciones de todos los seres.

Los *rishis* también percibían la presencia de Dios en los objetos inertes. Cantaban: *Sarvam brahmamayam, re re sarvam brahmamayam*. "Todo es *Brahman*. Todo es la esencia de lo Supremo".

---

[4] Una de las dieciocho escrituras, llamadas los *Puranas*, que trata especialmente de las encarnaciones de *Vishnu*, y con mayor detalle de la vida de *Krishna*. Pone el acento en el camino de la devoción. También llamado *Srimad Bhagavatam*.

[5] Un ser que ha logrado el Conocimiento del Ser que no sigue las convenciones sociales. Desde el punto de vista convencional, se considera a los *avadhuts* extremadamente excéntricos.

Hoy en día los científicos dicen que todo está hecho de energía. La gente de la India que cree en las palabras de los *rishis* se postra ante todas las cosas con devoción, viendo a Dios en todo.

Amma[6] recuerda algunas cosas de su infancia. Si por casualidad pisaba un pedazo de papel que hubiera sido barrido para tirarlo a la basura, lo tocaba y se postraba ante él. Si no lo hacía, su madre le daba una buena zurra. La madre de *Amma* le decía que ese papel no era sólo un mero pedazo de papel; era la misma diosa *Saraswati*, la diosa del saber.

Igualmente, a *Amma* le enseñaron que si pisaba accidentalmente una boñiga de vaca, debía tocarla en señal de reverencia. Las boñigas ayudan a que crezca la hierba. Las vacas comen la hierba y nos dan leche. Nosotros utilizamos esa leche.

La madre de *Amma* le enseñó que no debe tocarse el umbral de una puerta con el pie. Si por algún motivo lo pisamos, debemos tocarlo con la mano e inclinarnos ante él. Probablemente, la razón de esto sea que, simbólicamente, la puerta es la entrada que conduce a la siguiente etapa de la vida. Cuando se ven las cosas así, todo se vuelve

---

[6] *Amma* suele referirse a sí misma en tercera persona como *"Amma"* (la Madre).

muy valioso. No se puede ignorar o faltar el respeto a nada. Así que debemos considerarlo todo con respeto y reverencia[7].

El *Bhagavatam* (la historia del Señor) y *Bhagavan* no son dos cosas. Son lo mismo. El mundo y Dios no son dos cosas. Así vemos unidad en la diversidad, en lo múltiple. Por eso, aún ahora, cuando *Amma* pisa algo, lo toca y después se toca la cabeza para mostrar su reverencia ante ese objeto. Aunque sepa que Dios no está separado de ella, *Amma* sigue postrándose ante todo. Aunque la escalera, que nos ayuda a llegar al piso de arriba, y el propio piso de arriba estén construidos con el mismo material, *Amma* no puede ignorar la escalera. No puede olvidar el camino que se ha seguido para llegar allí. *Amma* respeta todas las prácticas que nos ayudan a alcanzar la meta final.

Sus hijos pueden preguntar si es necesario que *Amma* tenga esta actitud. Pero imaginemos que un

---

[7] Algunas personas pueden preguntarse por qué *Amma* da tanta importancia a todo lo existente en el mundo manifestado, que según el *Sanatana Dharma*, es *maya* (ilusión). Sobre esto, *Amma* dice: "Cuando decimos que el mundo exterior no es real o verdadero, sino falso o ilusorio, no queremos decir que no exista, sino que no es permanente, que está constantemente en estado de cambio".

niño tiene ictericia y no puede comer sal porque su estado empeoraría. Al niño no le gusta la comida sin sal, así que si ve algo con sal lo cogerá y se lo comerá. Su madre no pone sal en los platos que prepara, y por el bien del niño, los otros miembros sanos de la familia también se abstienen de tomar sal. Del mismo modo, *Amma* está dando ejemplo aunque no necesite practicar ninguna de estas costumbres.

Como el *Sanatana Dharma* nos enseña a ver a la Divinidad de todo, no hay nada parecido a un infierno eterno. Se cree que, por muy grande que sea el pecado que hayas cometido, puedes purificarte mediante buenos pensamientos y palabras y alcanzar finalmente el conocimiento de Dios. Con un sincero remordimiento, cualquiera puede librarse del efecto de sus errores, por muy graves que sean esos errores. No hay pecado que no pueda lavarse con arrepentimiento. ¡Pero no debe ser como el baño de un elefante! El elefante se baña y sale del agua, e inmediatamente se llena otra vez de polvo sin esperar un momento. Así es como mucha gente se comporta respecto a sus errores.

Podemos cometer muchos errores a medida que avanzamos por la vida. Pero los hijos de *Amma* no deben descorazonarse por esto. Si te caes, piensa sólo que te has caído para levantarte. ¡No te quedes ahí tumbado pensado que es bastante cómodo! Y no te sientas destrozado por la caída. Tienes que intentar levantarte y seguir adelante.

Cuando escribimos con un lápiz en un trozo de papel, si cometemos un error podemos usar una goma y volver a escribir nuestras palabras. Pero si una y otra vez cometemos un error en el mismo lugar e intentamos borrarlo, el papel puede romperse. Así que, hijos míos, intentad no cometer los mismos errores. Cometer errores es natural, pero intentad ser cuidadosos. ¡Estad alerta!

El *Sanatana Dharma* no rechaza a nadie como eternamente indigno. Considerar a alguien indigno del camino espiritual es como decidir, después de construir un hospital, que no se admiten pacientes. ¡Hasta un reloj estropeado marcará la hora correcta dos veces al día! Así que lo que hace falta es aceptación. Cuando evitamos a alguien por "inadecuado", estamos contribuyendo a suscitar afán de venganza e instintos animales en esa persona, que volverá a caer en el error. Si, por el contrario, alabamos lo que es bueno en esas personas e intentamos corregir pacientemente sus errores, podemos elevarlas.

Cometemos errores porque ignoramos quiénes somos realmente. El *Sanatana Dharma* no rechaza a nadie. Sus enseñanzas proporcionan a todos el conocimiento necesario. Si los sabios hubieran tachado al cazador *Ratnakara* de simple ladrón y lo hubieran mantenido a distancia, el sabio *Valmiki* no habría nacido[8]. El *Sanatana Dharma* muestra que hasta un ladrón puede transformarse en un gran ser.

Nadie rechazará un diamante aunque se halle en un excremento. Alguien lo cogerá, lo limpiará y se lo quedará. No es posible rechazar a nadie, porque el Ser Supremo está presente en todos. Debemos ser capaces de ver a Dios en todos, independientemente de que la posición social de la persona sea alta o baja. Para que esto sea posible, primero tenemos que eliminar las impurezas que cubren nuestra propia mente.

Las enseñanzas del *Sanatana Dharma* son joyas imperecederas que los desinteresados *rishis* han dado al mundo por compasión. Nadie que quiera permanecer vivo puede evitar el aire o el agua. Igualmente, nadie que busque la paz puede evitar los principios del *Sanatana Dharma*. El *Sanatana Dharma* no nos pide que creamos en un

---

[8] Véase la historia de *Valmiki* en el glosario.

Dios que vive arriba en el cielo. Dice: "Ten fe en ti mismo. ¡Todo está dentro de ti!"

Una bomba atómica tiene el poder de hacer cenizas un continente, pero su fuerza radica en los minúsculos átomos. Un baniano puede ocupar una extensa superficie, y sin embargo crece a partir de una pequeña semilla. La idea es que la esencia de Dios existe dentro de cada uno de nosotros. Esto podemos aprenderlo mediante la razón y las experiencias que tenemos en nuestra práctica espiritual. Lo único que tenemos que hacer es practicar cuidadosamente alguno de los métodos para despertar este poder.

La devoción, la fe y una conciencia atenta en todas las acciones: esto es lo que enseña el *Sanatana Dharma*. No pide que se crea ciegamente en nada. Si queremos usar una máquina primero tenemos que aprender a manejarla. De lo contrario, se puede estropear. El conocimiento (*jnana*) es necesario para actuar correctamente. Actuar con la conciencia que procede de la comprensión de ese conocimiento: eso es la conciencia atenta.

Un hombre echa agua en un depósito de agua; pero, aun después de hacerlo durante todo el día, el depósito todavía no está lleno. Intenta descubrir por qué. Finalmente, descubre que uno de los desagües del depósito no estaba cerrado. Aquí, el conocimiento es la comprensión de que sin tapar el desagüe ninguna cantidad de agua será capaz de llenar el tanque. La conciencia atenta es lo que aplicamos al esfuerzo después de adquirir ese conocimiento. Sólo cuando realizamos acciones con conciencia atenta obtendremos el resultado deseado.

A cinco jornaleros les dieron el trabajo de plantar semillas. Uno de ellos excavaba agujeros en el suelo. Otro ponía fertilizante en los agujeros. El tercero regaba el terreno. Otro llenaba de tierra los agujeros. Pasaron los días, pero ninguna de las semillas germinó. El granjero examinó la tierra para ver lo que pasaba y descubrió que el jornalero encargado de poner las semillas en los agujeros no había hecho su trabajo. Así es la acción sin conciencia atenta: no proporciona los resultados deseados.

El objetivo de todas las acciones que realizamos en la vida es acercarnos a Dios. Debemos realizar nuestras acciones desinteresadamente, sin el sentimiento del "yo". Debemos tener la conciencia de que sólo somos capaces de actuar por la gracia y el poder de Dios. Esto es conocimiento (*jnana*) en el contexto de la acción (*karma*). Una acción realizada con ese conocimiento y esa conciencia atenta es *karma yoga*, el yoga de la acción desinteresada.

Cuando practicamos la conciencia atenta al realizar una acción, nos olvidamos de nosotros mismos. La mente se concentra en un punto; experimentamos la dicha. Así es como nace la devoción. Cuando realizamos un esfuerzo con conciencia atenta y devoción, indudablemente nuestro esfuerzo dará fruto. Y cuando obtenemos el fruto de esa acción, nuestra fe se vuelve firme. Una fe así es inquebrantable. Nadie puede hacer que esa fe se debilite. Conciencia atenta, devoción y fe: las acciones llevadas a cabo con conciencia atenta engendran devoción, y esta lleva a la fe.

La mayor parte de los textos del *Sanatana Dharma* están escritos en forma de diálogos. Contienen las respuestas del maestro conocedor del Ser a las preguntas del discípulo. El discípulo puede hacer cualquier pregunta hasta que sus dudas se aclaren completamente. Esto desarrolla la conciencia atenta en el discípulo.

El hinduismo no está en contra de nadie. Tampoco exige que nadie abandone su religión o su fe. De hecho, considera que destruir la fe de alguien es una mala acción. Según el *Sanatana*

Dharma, todas las religiones son caminos diferentes hacia la misma meta. No niega nada. Todo queda incluido. Para un hinduista no existe una religión separada. Originariamente, ese concepto no existía en la India.

Sea la que sea la religión a la que pertenezca una persona, debe mantenerse firme en su fe y avanzar en la vida. Sólo esto ayudará al buscador a alcanzar la meta final. Los caminos del *karma yoga*, el *bhakti yoga* y el *jnana yoga* pueden ser practicados por personas de cualquier fe religiosa de un modo adaptado a la época actual, con sus estilos de vida.

El mar y sus olas pueden ser una pesadilla para lo que no saben nadar. Por el contrario, los que saben nadar gozarán entre las olas del mar. Del mismo modo, para los que se han empapado de los principios de la espiritualidad, la vida es dichosa. Para ellos la vida es una fiesta. Lo que hace falta es un modo de experimentar dicha durante esta misma vida, no después de la muerte. Igual que hay que aprender el arte de la dirección de empresas para tener éxito en los negocios, es imprescindible aprender el arte del manejo de la vida para ser verdaderamente feliz en la vida. El *Sanatana Dharma* es la ciencia integral del manejo de la vida.

Todos los contenidos de las escrituras hinduistas, como las *Upanishads*, la *Bhagavad Gita*, los *Brahma Sutras*, el *Ramayana* y el *Mahabharata*, son verdades eternas que pueden comprender las personas de todas las épocas. Estos textos no son sectarios; son obras basadas en la razón y cualquiera puede ponerlos en práctica. Todo el mundo puede entender los textos del *Sanatana Dharma*, igual que los textos sobre salud, psicología y ciencias sociales. La adopción de los principios del *Sanatana Dharma* redundará en la felicidad y la elevación de toda la humanidad.

ॐ

Pregunta: ¿Por qué necesitamos creer en Dios?

Amma: Es posible ir por la vida sin creer en un Ser Supremo. Pero para ser capaces de seguir adelante con paso firme y resuelto cuando afrontemos una crisis, necesitamos refugiarnos en Dios. Debemos estar dispuestos a seguir el camino de Dios.

Una vida sin Dios es como un caso en un tribunal en el que dos abogados estén discutiendo sin que haya presente ningún juez. El juicio no irá a ninguna parte. Si siguen sin el juez, no podrá haber fallo.

Adoramos a Dios para que puedan alimentarse las cualidades divinas que hay dentro de nosotros. Pero en realidad no hace falta fe si se pueden adquirir esas cualidades sin ella. Creamos o no, el Ser Supremo existe como la Verdad, y reconozcamos o no esa Verdad, no es posible disminuirla en modo alguno.

La fuerza gravitatoria de la tierra es un hecho. No va a dejar de existir sólo porque no creamos en ella. Si negamos la existencia de la gravedad y saltamos desde una altura, tendremos que aceptar la verdad por el efecto adverso que recibiremos en la caída. Darle la espalda a una realidad así es como crear oscuridad cerrando los ojos. Al reconocer la Verdad Universal que es Dios y vivir de acuerdo con esa Verdad, podremos pasar por la vida sin problemas.

ॐ

Pregunta: ¿En qué principio se basa el culto a las imágenes?

Amma: En realidad los hinduistas no adoran a las imágenes mismas. Adoran al Poder Supremo que impregna cada imagen. Cuando un niño pequeño ve un retrato de su padre, piensa en su padre y no en el artista que lo ha pintado. Cuando un joven ve un bolígrafo o un pañuelo que le ha dado su amada, piensa en ella, no en el objeto. No se desprendería de él por nada del mundo. Para él, ese bolígrafo no es un bolígrafo corriente, ese pañuelo no es un simple pañuelo. En esos objetos siente a la mujer que ama.

Si un objeto corriente puede generar sentimientos tan poderosos en un hombre o una mujer enamorados, ¡pensad en lo valiosa que será una imagen divina para el devoto si le recuerda a Dios! Para el devoto, la imagen tallada del Ser Supremo no es un simple trozo de piedra; es una encarnación de la Conciencia Suprema.

Algunas personas preguntan: "¿No consiste el matrimonio tan sólo en atar un nudo?" Sí, es cierto; no es más que atar un cordón corriente[9] alrededor del cuello. ¡Pero pensad cuánto valor le

---

[9] En una boda hinduista tradicional, se ata un cordón o una cadena con un colgante alrededor del cuello de la novia. Lo lleva durante toda su vida de casada y simboliza el vínculo eterno entre el marido y la esposa.

atribuimos a ese trozo de cordón y a ese momento! Es un momento que sienta las bases de la vida posterior. El valor de esa ceremonia no tiene nada que ver con el valor del cordón, sino con el valor total de la vida misma. Del mismo modo, el valor de una imagen divina no es el valor de la piedra. Esa imagen es inestimable, su lugar equivale al del Padre/Madre Universal. Cualquiera que vea la imagen sólo como un trozo de piedra, lo hace por ignorancia. Una adoración ritual normalmente empieza con la resolución: "Adoro a Dios en esta imagen".

A los individuos corrientes les resultaría difícil adorar la Conciencia Suprema omnipresente sin la ayuda de alguna clase de símbolo que la represente. Una imagen de la Divinidad puede ayudar mucho a alimentar la devoción y a concentrar la mente. Nos ponemos de pie delante de la imagen y rezamos con los ojos cerrados. De este modo la imagen nos ayuda a enfocar la mente hacia el interior y a despertar la esencia divina que está dentro de nosotros.

Hay otro principio importante detrás de esta clase de culto. Las pulseras, los pendientes, los collares y los anillos de oro están hechos del mismo metal. Su sustancia es el oro. Igualmente, Dios es el sustrato de todo. Debemos ser capaces de percibir la unidad subyacente en la diversidad. Se trate de *Shiva*, *Vishnu* o *Muruga* (*Subramanya*)[10], debemos ser conscientes de la unidad que hay detrás de ellos. Debemos entender que todas las diferentes formas son manifestaciones distintas de un Dios. Se adoptan formas diferentes porque las personas pertenecen a culturas diferentes. Así, cada uno puede elegir la forma que prefiera.

Tenemos que eliminar la suciedad y el polvo del espejo antes de podernos vernos la cara claramente en él. De igual modo, sólo podemos ver a Dios cuando eliminamos las impurezas que se han instalado en nuestra mente. Nuestros antepasados establecieron el culto de las imágenes y otras prácticas como parte del *Sanatana Dharma*, para purificar la mente y ayudarla a concentrarse en un solo punto. En el *Sanatana Dharma* buscamos a Dios en nuestro interior, no en ningún lugar del exterior. Cuando sentimos a Dios dentro de nosotros, somos capaces de ver a Dios en todas partes.

Dios no tiene interior ni exterior. Dios es la Conciencia Divina que existe en todas partes,

---

[10] *Muruga* es un dios creado por *Shiva* para ayudar a las almas en su evolución, en especial con la práctica de *yoga*. Es el hermano de *Ganesha*.

impregnándolo todo. Percibimos un dentro y un fuera sólo porque tenemos identidades individuales, la sensación de "yo". En este momento nuestra mente se dirige hacia fuera, no hacia dentro. La mente está apegada a muchas cosas diferentes fuera de nosotros y a la idea de "mío" en relación a esas cosas. La finalidad del culto a las imágenes es hacer que la mente vuelva a dirigirse hacia el interior y despertar la Conciencia Divina que ya está presente dentro de nosotros.

ॐ

Pregunta: Algunas personas critican la fe hinduista por su práctica del culto a las imágenes. ¿Tiene esto verdadero fundamento?

Amma: No está claro por qué alguien pueda querer criticar esto. El culto a las imágenes se halla en todas las religiones de una forma u otra; en el cristianismo, el Islam, el budismo, etc. La única diferencia está en la imagen que se adora y el modo en que se realiza el culto. En el cristianismo no se ofrecen dulces o pétalos de flores; en cambio, se encienden velas. El sacerdote cristiano ofrece el pan como el cuerpo de Cristo y el vino como su sangre. Y mientras que los hinduistas adoran quemando alcanfor, muchos cristianos queman incienso. Los cristianos también ven la cruz como un símbolo de sacrificio y desinterés. Se arrodillan ante la forma de Cristo y rezan.

En el Islam, la gente considera la Meca un lugar sagrado y se postra en esa dirección. Se sientan frente a la Kaaba, rezando y pensando en las cualidades de Dios. Todas estas oraciones pretenden despertar las cualidades positivas que están presentes en nuestro interior.

En malayalam, primero aprendemos las consonantes simples, *ka, kha, ga, gha*, para después poder aprender a leer palabras con sonidos compuestos, y empezamos a aprender inglés con el A, B, C. De igual modo, todas las diferentes formas de culto conducen al desarrollo de cualidades divinas en nuestro interior.

ॐ

Pregunta: Sobre el culto a las imágenes, ¿no deberíamos adorar al escultor que ha hecho la forma divina en lugar de a la propia escultura?

Amma: Cuando ves la bandera de tu país, ¿respetas la bandera o al sastre? ¿O quizá al tejedor que tejió la tela? ¿O a la persona que hiló el hilo? ¿O al granjero que cultivó el algodón? Nadie piensa en esas personas. En cambio, nos hace pensar en el país que simboliza esa bandera.

Del mismo modo, cuando vemos una imagen divina no nos acordamos del escultor. Nos acordamos de Dios, el escultor divino del universo entero. El Ser Supremo es la fuente de la que el artista recibe la inspiración y la fuerza para tallar la imagen. Si podemos estar de acuerdo en que tiene que haber un escultor para hacer una imagen, ¿por qué entonces es tan difícil creer que este universo pueda haber sido creado también por un Escultor?

Adorando una imagen divina desarrollamos la amplitud de corazón necesaria para amar y respetar a todos los seres vivos, incluido el escultor de esa imagen. Rezándole y visualizando a Dios en la imagen, nos purificamos interiormente y nos elevamos hasta el nivel en el que vemos y adoramos a Dios en todo. Esta es la meta del culto de las imágenes. Mientras todos los símbolos que nos recuerdan el mundo material acaban limitándonos y encerrándonos, los símbolos que despiertan nuestra conciencia de lo Divino nos llevan a un estado de expansión mucho más allá de todos los límites. El culto a las imágenes nos ayuda a ver a Dios en todas partes, en todo.

ॐ

Pregunta: ¿Dónde se originó el culto a las imágenes?

Amma: En el *Satya Yuga*, la Edad de la Verdad,[11] *Prahlada*, el joven hijo del rey demonio *Hiranyakashipu*, afirmó "¡Dios existe hasta en esta columna!" para responder a una pregunta que le hizo su padre. Entonces Dios salió de esa columna en la forma de *Narasimha*, el hombre-león Divino. Como el Dios omnipresente salió de una columna, haciendo que la afirmación de *Prahlada* fuera cierta, podemos decir que ese fue el primer caso de culto a las imágenes.

La historia de *Prahlada* es famosa. El rey demonio *Hiranyakashipu* quería dominar los tres mundos[12] y asegurarse de no morir nunca. Así que

---

[11] Al *Satya Yuga* se le llama la Edad de Oro. Hay cuatro *yugas* (edades o eones). Véase el glosario.
[12] El cielo, la tierra y el mundo inferior.

realizó rigurosas austeridades destinadas a complacer al Señor Brahma, el Creador. Brahma se sintió satisfecho con sus austeridades. Se apareció a *Hiranyakashipu* y le dijo que pidiera un deseo. El rey demonio dijo:

—El deseo que quiero es que no me mate nadie de tu creación. Que no pueda morir en tierra firme o en el agua, en el cielo o en la tierra. Que no muera en una habitación o al aire libre. Que no muera ni de día ni de noche, y que no me mate ni un hombre ni una mujer, un ser celestial (*deva*) o un demonio (*asura*), ni ningún vertebrado, sea humano o animal. Y que ningún arma pueda matarme.

Brahma lo bendijo, diciéndole: "¡Así sea!". Y desapareció.

Pero algo más sucedió mientras el rey hacía austeridades. En su ausencia, los seres celestiales vencieron a los demonios en una batalla. *Indra*, el rey de los seres celestiales, capturó a la esposa embarazada de *Hiranyakashipu*, *Kayadhu*, y se la llevó. De camino, se encontró con el sabio Narada. Siguiendo el consejo de *Narada*, Indra dejó a *Kayadhu* en la ermita del sabio y volvió al mundo celestial. Durante el tiempo que *Kayadhu* permaneció con *Narada*, el sabio le enseñó la esencia del

Bhagavatam, y el niño que llevaba en el vientre oyó sus discursos.

Cuando terminó sus austeridades, *Hiranyakas-hipu* volvió y derrotó a los *devas* en una batalla. Después fue a la ermita del sabio y llevó a su esposa de nuevo a su palacio. La fuerza del deseo que le habían concedido incrementó su orgullo. Conquistó los tres mundos. Convirtió a los *devas* en sus sirvientes. Hostigó a los sabios y a los devotos y destruyó sus *yaga yajnas*, sus elaborados ritos sacrificiales védicos. Declaró que nadie tenía permiso para cantar ningún mantra que no fuera *Hiranyaya namah* (saludamos a *Hiranya*, es decir, a él mismo).

Al cabo del tiempo, su esposa dio a luz a un hijo. Lo llamaron *Prahlada*. Como recordaba todas las enseñanzas recibidas de *Narada*, creció siendo un devoto del Señor *Vishnu*. Cuando llegó el tiempo de que *Prahlada* empezara sus estudios, su padre lo envió a un *gurukula*[13]. Algún tiempo después, el rey estaba impaciente por saber qué era lo que había aprendido su hijo, así que llamó a *Prahlada*

---

[13] Un *ashram* con un *guru* vivo, en el que los discípulos viven y estudian con el *guru*. En la antigüedad, los *gurukulas* eran internados en los que los jóvenes recibían una educación completa basada en los *Vedas*.

para que volviera al palacio. En cuanto *Prahlada* volvió, su padre le preguntó qué era lo que había aprendido. *Prahlada* dijo:

–Hay que adorar al Señor *Vishnu* mediante los nueve métodos: escuchar sus historias, cantar sus glorias, recordarlo, servir a sus pies, adorarlo, saludarlo, ser su servidor, ser su amigo y entregarse completamente a Él.

El chico no había aprendido esto en la escuela. Lo había oído cuando aún estaba en el vientre de su madre. Cuando *Hiranyakashipu* oyó a su hijo decir que había que adorar a *Vishnu*, el enemigo de *Hiranyakashipu*, se enfureció tanto que ordenó a sus soldados que mataran a su hijo. Los soldados intentaron matar al chico de varias maneras distintas, pero fracasaron. Finalmente, *Hiranyakashipu* se dio por vencido y envió a su hijo de vuelta al *gurukula* para que le quitaran la devoción. Pero, al contrario, los otros niños *asuras* de la escuela que oyeron los consejos de *Prahlada* también se hicieron devotos del Señor. Cuando se lo contaron a *Hiranyakashipu*, se enfureció de nuevo y le preguntó a su hijo:

–Si hay un Dios de los tres mundos que no soy yo, ¿dónde está?

—Dios está en todas partes— respondió *Prahlada*.

—¿Está en esta columna?— rugió *Hiranyakashipu*.

—Sí. También vive en esta columna— dijo *Prahlada*.

Hiranyakashipu respondió golpeando fuertemente la columna con el puño. La columna se partió en dos y de ella salió el feroz *Narasimha*, el Hombre-león Divino. Esto sucedió durante el crepúsculo. El Señor se sentó en el umbral del palacio, colocó al rey demonio en sus rodillas y lo mató desgarrándole el pecho sin utilizar más armas que sus garras.

De ese modo, las palabras que salieron del inocente corazón de *Prahlada* fueron ciertas. Este fue el comienzo del culto a las imágenes. Su fe era tan fuerte que creía que Dios existía hasta en una columna, y su convicción era tan firme que lo que creía se convirtió en una experiencia real. Debemos observar el principio subyacente a esta historia. Dios Todopoderoso puede adoptar cualquier forma. Dios puede tener atributos o carecer de atributos. El agua salada se puede convertir en cristales de sal, y los cristales de sal se pueden convertir en agua salada.

Esta historia también revela otro principio: las limitaciones del ser humano. La inteligencia de Dios está fuera del alcance de la persona más inteligente y poderosa de la tierra. Hay un límite para la distancia que puede alcanzar la inteligencia humana; pero la inteligencia de Dios es ilimitada.

Hiranyakashipu había formulado su deseo muy cuidadosamente, con la intención de evitar para siempre su muerte. Cuando se le concedió ese deseo, creía firmemente que nadie podría vencerlo. Pero no conocía a Dios. Dios tiene una solución para todo.

Ni de día ni de noche. Solución: el crepúsculo. Ni en el agua ni en la tierra: Dios se puso al rey demonio en las rodillas. Ni fuera ni dentro: se sentó en el umbral. Ni hombre ni animal: adoptó la forma de un hombre-león. No usó ningún arma: mató al rey con sus garras. De este modo, Dios, bajo la forma de *Narasimha*, mató al malvado *Hiranyakashipu* sin violar ninguno de los deseos concedidos por *Brahma*.

Dios está más allá del alcance de la inteligencia humana. Sólo hay una manera de conocer a Dios:

ofreciéndose por completo y buscando refugio a sus pies [14]. Es el camino de la entrega total.

Los seres humanos tienen la inteligencia del ego y la capacidad de discernimiento. El discernimiento (*viveka*) es la inteligencia pura; no tiene impurezas. Es como un espejo. Dios se refleja claramente en él. Pero sólo los que se entregan a Dios pueden abrirse paso entre las limitaciones de su inteligencia humana e ir más allá de ellas.

Algunas personas dicen: "¿Puedes ver a Dios con los ojos? ¡Yo no creo en lo que no puedo ver!" Pero el ser humano es limitado en todos los sentidos. Nuestros sentidos de la vista y el oído son muy limitados. La gente no tiene esto en cuenta.

Amma tiene una pregunta. No se puede ver la corriente en un cable conectado. ¿Decimos que no hay corriente sólo porque no podamos verla? Si la tocamos nos dará un calambre. Esa es la experiencia.

Suponed que dejáis libre un pájaro para que se vaya volando. Vuela más y más alto, hasta que por fin llega tan alto que ya no puede verse. ¿Decimos que el pájaro ya no existe porque no podamos

---

[14] *Amma* ha dicho que Dios está más allá de cualquier definición o género. Sin embargo, cuando *Amma* habla, se refiere a Dios del modo más tradicional, en masculino.

verlo? ¿Qué lógica tiene llegar a la conclusión de que sólo vamos a creer lo que esté dentro del limitado alcance de nuestra vista?

Para un juez, las declaraciones de miles de personas que dicen que no han visto que se cometiera ningún delito no prueban nada. La prueba la aporta la persona que dice que fue testigo del delito. Del mismo modo, cualquiera que diga que no hay Dios no prueba nada. La prueba la constituyen las palabras de los santos sabios que han experimentado a Dios.

Un ateo iba por ahí sosteniendo que no había Dios. Llegó a la casa de un amigo. Dentro de la casa había un bonito globo terráqueo.

–¡Oh, qué bonito es! –exclamó– ¿Quién lo ha hecho?

Su amigo, que resulta que era un creyente, le dijo:

–Si este modelo artificial de la tierra no habría podido crearse sin un creador, ¡indudablemente la creación de la verdadera tierra requiere un Creador!

Se dice que la semilla contiene el árbol. Si cogéis una semilla y la miráis o la mordéis, no veréis el árbol. Pero probad a plantarla. Poned en ella algún esfuerzo. Entonces de ella saldrá un arbolito. Es inútil hablar de ello. Hay que hacer un esfuerzo. Sólo entonces cosecharemos la experiencia.

Los científicos tienen fe en los experimentos que emprenden. Pueden fracasar en muchos de sus intentos, pero no abandonan. Prosiguen sus experimentos esperando tener éxito al siguiente intento.

Pensad cuántos años lleva llegar a ser médico o ingeniero. Los estudiantes no protestan diciendo que es imposible esperar tanto tiempo. Sólo tienen éxito y alcanzan la meta porque siguen con sus estudios con una actitud de entrega.

Dios no es alguien que podamos ver con los ojos. Dios es la causa de todo. Si os preguntan qué vino antes, la semilla de mango o el árbol del mango, ¿qué responderéis? Para que nazca el árbol hace falta una semilla, y para que haya una semilla tiene que haber antes un árbol. Así que tiene que haber una causa separada detrás del árbol y la semilla. Eso es Dios. Dios es la causa primordial de todo, el Creador de todo. Dios lo es todo. El modo de conocer a Dios es cultivar las cualidades divinas en nosotros y entregar nuestro ego a Dios. Entonces la divinidad se convertirá en una experiencia propia.

Prahlada ejemplifica el tipo más elevado de devoción. Es difícil encontrar a un devoto con tanta entrega como *Prahlada*. Cuando no conseguimos tener éxito en lo que nos proponemos conseguir, normalmente le echamos la culpa a otro y nos retiramos. Además, cuando surgen dificultades en la vida, nuestra fe normalmente se viene abajo. Le echamos la culpa a Dios. Pero mirad a *Prahlada*. Los soldados de su padre intentaron matarlo sumergiéndolo en el agua; lo arrojaron en aceite hirviendo; lo tiraron desde una montaña; le prendieron fuego. Intentaron matarlo una y otra vez. Pero, en cada una de esas ocasiones, la fe de *Prahlada* no vaciló ni una pizca. Por su fe inquebrantable, no sufrió ningún daño. Cuando su vida se veía amenazada, seguía repitiendo el mantra: "¡*Narayana*! ¡*Narayana*!" También le dijeron muchas cosas para destruir su fe en Dios: "*Sri Hari* (*Vishnu*) no es Dios. ¡Es un ladrón! Dios no existe", etc. Incluso entonces, *Prahlada* siguió repitiendo el nombre divino con la conciencia atenta.

En la mayor parte de los casos, en el momento en que oímos algo negativo sobre alguien perdemos la confianza en esa persona. Si algún sufrimiento nos sale al paso, perdemos la fe. Nuestra devoción sólo es devoción a tiempo parcial.

Llamamos a Dios cuando necesitamos algo. De lo contrario, no lo recordamos en absoluto. Y, si nuestros deseos no se satisfacen, nuestra fe desaparece. Esa es nuestra situación. Pero, a pesar de las dificultades que *Prahlada* tuvo que padecer, nunca vaciló. Su fe se fortalecía con cada crisis. Cuantos más obstáculos aparecían, más firmemente se aferraba a los pies de Dios. Así era de completa su entrega a Dios. El resultado fue que *Prahlada* se convirtió en un faro que iluminó el mundo entero. Todavía hoy, su historia y su devoción derraman luz en los corazones de miles de personas.

Prahlada se distingue por su devoción y por su experiencia de la no dualidad (*advaita*). Cualquier cosa que toque una persona totalmente entregada como *Prahlada* "se convertirá en oro". Este es el estado de la actitud de la propia entrega.

La devoción de *Prahlada* también llevó a su padre, *Hiranyakashipu*, a la liberación. Porque morir a manos de Dios es alcanzar la liberación. Esto significa que la identificación de *Hiranyakashipu* con el cuerpo fue eliminada, y que se le dio la conciencia de su verdadero Ser (*atman*). El cuerpo no dura para siempre. A *Hiranyakashipu* se le hizo entender, por propia experiencia, que sólo el Ser es imperecedero.

Los seres humanos son verdaderamente minúsculos. Sin embargo, se enorgullecen de su inteligencia y sus capacidades y critican a Dios. Dios es el Principio que se encuentra más allá de toda posible inteligencia humana. El modo de llegar a Dios es por medio de las prácticas espirituales tal y como las prescribieron los *rishis*, y una de esas prácticas puede ser el culto a las imágenes divinas.

ॐ

Pregunta: En el hinduismo se adora a trescientos millones de deidades. ¿Realmente hay más de un Dios?

Amma: En el hinduismo sólo hay un Dios. El hinduismo no sólo enseña que hay un Ser Supremo, sino que también afirma que en el universo no hay nada más que ese Ser Supremo. Dios se manifiesta como todo lo que hay en el universo. Dios es la Conciencia que lo impregna todo. Está más allá de todos los nombres y las formas. Pero también puede adoptar cualquier forma para bendecir a un devoto. Se puede manifestar en cualquier número de formas diferentes y actitudes o estados divinos.

El viento puede aparecer como una suave brisa, un fuerte viento o una violenta tormenta. ¿Qué manifestación es imposible para Dios Todopoderoso, que controla hasta la tormenta? ¿Quién puede describir su gloria? Igual que el aire puede permanecer inmóvil o soplar como el viento, y el agua puede convertirse en vapor o en hielo, Dios puede asumir tanto un estado sin atributos como un estado con atributos. Del mismo modo, es el mismo Dios el que los hinduistas adoran bajo muchas formas y estados diferentes, como *Shiva*, *Vishnu*, *Ganesha*, *Muruga*, *Durga*, *Saraswati* y *Kali*.

Los gustos varían de una persona a otra. Los individuos crecen en diferentes entornos y culturas. En el *Sanatana Dharma*, las personas tienen la libertad de adorar a Dios en cualquier forma o estado que convenga a sus propios gustos y desarrollo mental. Así es como aparecieron las diferentes manifestaciones de Dios en el hinduismo. No son dioses distintos. Todos ellos son aspectos de un único Ser Supremo.

ॐ

Pregunta: Si Dios es omnipresente, ¿para qué hacen falta templos?

Amma: Una característica especial del *Sanatana Dharma* es que desciende al nivel de cada individuo y lo eleva. Las personas tienen diferentes *samskaras*. Hay que guiar a cada individuo según sus tendencias innatas. Algunos pacientes son alérgicos a determinadas inyecciones y hay que darles medicamentos alternativos. De modo semejante, hay que tener en cuenta las características mentales y físicas propias de cada persona, y hay que recomendar los métodos adecuados que le vayan bien al *samskara* del individuo. Así es como se han creado diferentes tradiciones. El camino de la devoción, el camino de la acción desinteresada, la adoración de la Divinidad con y sin atributos: todos estos caminos se desarrollaron así. Pero todos ellos comparten el mismo fundamento, que es el discernimiento entre lo eterno y lo efímero.

El objetivo del *archana*[15], el canto devocional y el culto ritual es el mismo. A un niño ciego se le enseña el alfabeto mediante el tacto, y a un

---

[15] Una forma de culto en la que se recitan los nombres de una deidad, normalmente ciento ocho, trescientos o mil nombres en una sesión.

niño sordo en la lengua de los signos. A cada uno hay que guiarlo según su nivel de comprensión. Los templos son necesarios para elevar a la gente corriente bajando lo Divino a un nivel físico. No podemos ignorar o rechazar a nadie.

Aunque el aire esté en todas partes, lo experimentamos más tangiblemente al lado de un ventilador, ¿verdad? Bajo un árbol hay un frescor especial que no se siente en otros lugares. Sientes la presencia del viento y experimentas ese frescor. Igualmente, cuando adoramos a Dios por medio de un instrumento (*upadhi*) que Lo simboliza, su presencia divina puede sentirse más claramente. Aunque el sol brille en todas partes, en una habitación en la que las cortinas o las persianas están cerradas tenemos que encender una lámpara para tener luz. Una vaca está llena de leche, pero no podemos obtener leche de sus orejas, sólo de sus ubres. Dios es omnipresente, pero los que tienen fe pueden sentir su presencia más fácilmente en el templo. Pero para que esto suceda es imprescindible la fe. La fe sintoniza la mente. Aunque Dios esté presente en el templo, los que carecen de fe no experimentarán esa presencia. Es la fe la que nos da la experiencia.

Amma y algunos de sus hijos indios estaban una vez viendo un baile interpretado por parejas occidentales. Una de las hijas[16] de *Amma* se sentía molesta porque las parejas se cogían de las manos al bailar.

–¡Oh, no! ¿Qué clase de baile es ese? –exclamó– ¡Un hombre y una mujer bailando tan juntos!

Amma le preguntó:

–Si *Shiva* y *Parvati* bailaran tan juntos, ¿te molestaría?

Veríamos a la Divinidad en esa danza y no tendríamos problemas con ella. Cuando hablamos de *Shiva* y *Parvati* hay santidad, hay fe. Así que esa danza sería algo elevado. Por el contrario, como no somos capaces de ver a la Divinidad en este hombre y esta mujer particulares, su comportamiento nos molesta. Así que la mente es el factor importante aquí. Si permanecemos firmemente comprometidos con lo que realmente creemos, podemos experimentar a Dios. La fe es la base.

Los lugares de culto, donde innumerables personas rezan con la mente concentrada en lo mismo, tienen una cualidad exclusiva que no se halla en otros lugares. Un bar o una bodega no tienen el

---

[16] Amma siempre llama a sus discípulos y devotos sus niños o sus hijos o hijas.

mismo ambiente que una oficina. El ambiente de un templo no es igual que el de un bar. En el bar se pierde la salud mental; en el templo se gana. Los lugares de culto están impregnados de vibraciones de pensamientos positivos. Esto ayuda a una mente en conflicto a recuperar la sensación de paz y calma. El aire de una fábrica de perfumes es especial, está lleno de una fragancia maravillosa, mientras que el ambiente de una fábrica química es completamente diferente. El ambiente lleno de devoción y las vibraciones sagradas del templo nos ayudan a concentrar la mente y a despertar amor y devoción en nosotros. Un templo es como un espejo. En el espejo vemos claramente la suciedad de nuestra cara, lo que nos ayuda a limpiarnos la cara. Igualmente, rendir culto en un templo nos ayuda a purificar el corazón.

El culto en los templos es la primera etapa del culto a Dios. El templo y la imagen que está instalada allí nos permiten adorar a Dios de un modo personal, y a establecer un vínculo con Dios. Pero tenemos que desarrollar gradualmente la capacidad de ver la Conciencia Divina en todas partes. Esto se vuelve posible cuando el culto en el templo se hace adecuadamente. Esta es la verdadera meta del culto en los templos.

Enseñamos imágenes de distintas clases de pájaros a los niños y les decimos: "Esto es un loro; esto es una mina[17]". Cuando los niños son mayores, ya no necesitan las imágenes para identificar a los pájaros. Las pinturas sólo fueron necesarias al principio.

En realidad, todo es Dios. No hay que excluir nada.

La escalera y el piso superior de una casa están construidos con los mismos ladrillos y cemento, pero esto sólo queda claro cuando se llega arriba. Y necesitamos los escalones para llegar allí. Esto ilustra el beneficio que obtenemos del templo.

A menudo se dice que se puede nacer en un templo, pero no hay que morir en él. El templo puede ser nuestro instrumento para buscar a Dios, pero no debemos apegarnos a él. Sólo la liberación de todos los apegos nos hará plenamente libres. No debemos pensar que Dios sólo existe en las imágenes del templo. Todo está lleno de conciencia, de la Conciencia Suprema. Nada es inerte. Por medio del culto logramos la predisposición mental a percibirlo todo como la esencia de Dios, y a amar y servir a todo. Esta es la actitud de profunda

---

[17] Pájaro tropical capaz de imitar sonidos humanos (N. del T.)

aceptación de todos. Tenemos que comprender que nosotros mismos y todo lo que nos rodea somos Dios. Debemos desarrollar la actitud de verlo todo como uno, de verlo todo como nos vemos a nosotros mismos. ¿Qué vamos a odiar si vemos todo como Dios? El templo y sus rituales están para llevarnos a ese estado.

El mar y las olas parecen distintos, pero ambos son agua. Las pulseras, collares, anillos y cadenas para el tobillo parecen diferentes y se llevan en distintas partes del cuerpo; pero en realidad todos son oro. Desde la perspectiva del oro, todos ellos son lo mismo; no hay diferencia. Sólo son diferentes cuando los miramos desde un punto de vista exterior. Del mismo modo, los objetos que nos rodean pueden parecer diferentes, pero en realidad todos son lo mismo. Son *Brahman*, la Realidad Absoluta. Sólo hay Eso. La meta de la vida humana es comprender esto, experimentarlo. Cuando se experimenta esta comprensión, los problemas se desvanecen completamente, igual que la oscuridad desaparece cuando sale el sol.

Actualmente, los científicos dicen que todo es energía. Los *rishis* fueron un paso más allá y afirmaron que todo es conciencia, la Conciencia Suprema. *Sarvam brahmamayam*: "Todo es

Brahman, el Ser Supremo". Esta era la experiencia de los *rishis*.

Pero para experimentar esto tenemos que trascender la idea de que Dios sólo reside en las imágenes de los templos. Debemos ser capaces de ver al Supremo en todo. Para lograrlo, hay que realizar el culto en el templo con la comprensión de este principio. De hecho lo que estamos adorando es el Ser que vive dentro de nosotros. Como a la mayor parte de las personas les resulta difícil entender esto, proyectamos ese Principio Supremo en la imagen, como un espejo, y lo adoramos allí. Mientras rendimos culto en el templo, debemos construir un templo en nuestro interior. Entonces podemos ver a Dios en todas partes. Así que esta es la finalidad del culto en el templo. De hecho, eso es lo que hacemos cuando estamos de pie delante del sanctasanctórum, vislumbramos la imagen y después cerramos los ojos. Vemos en nuestro interior la imagen de Dios que acabamos de ver exteriormente en el sanctasanctórum del templo, y después esperamos abrir los ojos y ver a Dios en todo. De este modo, podemos trascender todas las formas y experimentar el Ser omnipresente.

Para muchos de nosotros, adorar a Dios es una actividad a tiempo parcial. Lo que hace falta es devoción a tiempo completo. Rezar para que se cumpla un deseo particular es devoción a tiempo parcial. Lo que necesitamos es el amor y la devoción a Dios que conduce al Amor Supremo. Amar a Dios debe ser nuestro único deseo. Eso es lo único que debemos pedir. Tenemos que estar siempre concentrados en Dios. Debemos ver a Dios en todo. Dios es el que nos ha dado el poder de rezar. Si el poder de Dios estuviera ausente, ni siquiera podríamos levantar un dedo. La devoción a tiempo completo es ser consciente constantemente de que Dios es el que nos hace hacer todo. De este modo podemos desechar el sentido de "yo", que está arraigado en el plano del cuerpo-mente-intelecto, y experimentarnos como la Conciencia que todo lo impregna.

El gran poeta *Kalidasa* entró en el santuario sagrado y cerró la puerta. La Madre Divina vino y llamó a la puerta. Al ver que la puerta no se abría, preguntó:

–¿Quién está dentro?

Inmediatamente se oyó la respuesta:

–¿Quién está fuera?

De nuevo dijo:

–¿Quién está dentro?

Y recibió la misma respuesta:

–¿Quién está fuera?

Por fin, la Madre Divina respondió:

–¡*Kali* está fuera!

Y llegó la respuesta:

–¡*Dasa* (el servidor) está dentro!

Aunque le preguntaron repetidas veces, no reveló quién estaba dentro. Nunca dijo su nombre. Sólo cuando le dijeron "*Kali* está fuera", respondió: "¡el servidor está dentro!" En ese momento recibió una visión plena de *Kali*. Cuando perdemos el "yo", todo lo que queda es "Tú, Dios". Hay que desechar la insignificante identidad "yo". La verdadera devoción es la conciencia de que "¡Tú lo eres todo! ¡Tú nos haces hacer todo!" De este modo lo conseguimos todo, después de esto ya no hay nada más que obtener.

Dios nos ha dado la vista. ¡Dios no necesita la luz de la lámpara de aceite que hemos encendido gastando diez rupias! Dios no tiene nada que ganar con nosotros. Cuando nos refugiamos en Dios, nosotros somos los que ganamos algo. El dinero que ofrecemos en el templo simboliza nuestra entrega. Nos ayuda a cultivar la actitud de entrega. Además, cuando encendemos una lámpara con aceite o mantequilla clarificada, el humo de la llama purifica el ambiente. No debemos hacer

una ofrenda sólo para que se cumpla un deseo.
¡No debemos ver a Dios como alguien que acepta
sobornos!

Hasta la mejor variedad de semillas se quedará
sin germinar si se quedan en nuestras manos. Hay
que soltar las semillas y plantarlas en la tierra. Sólo
con entrega cosechamos el beneficio. Del mismo
modo, hay que abandonar la actitud de que "esto
es mío" o "mi deseo debe ser satisfecho". Hay que
desarrollar la actitud de que "todo es sólo tuyo.
¡Que se haga tu voluntad!" Sólo con una entrega
así nuestra devoción será completa.

Muchas personas creen que la entrega significa
que sólo dándole algo a Dios obtendremos algún
resultado. Pero la entrega no hay que entenderla
así. Ahora todavía estamos en el nivel de la mente
y el intelecto. "Soy este cuerpo. Soy el hijo o la hija
de fulano de tal. Me llamo mengano". Hay que
desechar esos atributos que hemos añadido al "yo".

El ego es lo único que hemos creado nosotros,
y a eso es a lo que hay que renunciar. Tenemos que
entregarle el ego a Dios. Cuando entregamos el
ego, sólo queda lo que Dios ha creado. Entonces
nos convertimos en una flauta en sus labios, o en
el sonido de su caracola. Para elevarnos al nivel de
la máxima expansión, lo único que hay que hacer

es librarse de la mente individual, que es nuestra propia creación. Cuando se ha renunciado al "yo" y "lo mío", no hay individuo limitado; sólo hay Eso que lo impregna todo.

Una semilla no germinará si se tira sobre una roca. Hay que plantarla en el suelo. Igualmente, si queremos cosechar el verdadero beneficio de nuestras acciones y esfuerzos, tenemos que librarnos de nuestro ego. Debemos cultivar la actitud de entrega. Entonces, con la gracia de Dios, cualquier cosa puede suceder.

Lo que tenemos que entregar a Dios es la mente. Pero no podemos simplemente quitarnos la mente y ofrecerla. Así que ofrecemos cosas a las que la mente está apegada, y eso equivale a entregar la mente. A algunas personas les gusta el *payasam* (un plato dulce de arroz), así que se le ofrece *payasam* a Dios. Y cuando después se reparte el *payasam* como *prasad* (una bendición consagrada) entre los niños pobres, sirve para otra cosa. A lo que más apegada está la mente es a la riqueza. Ofrecemos dinero en el templo para liberarla de esa atadura. En el templo también ofrecemos flores; pero lo que realmente hay que ofrecerle a Dios es la flor de nuestro corazón. Ofrecer el corazón es la verdadera entrega, la verdadera devoción. Esto es lo que simboliza la ofrenda de flores.

En lugar de sólo pedir "dame esto y aquello" también debemos anhelar las cualidades divinas de Dios como el amor, la compasión y la paz interior. Repetid un *mantra*, haced buenas obras y pedid la gracia de Dios. Dios os dará todo lo que necesitéis. No hace falta pedir nada específico.

Adorad a Dios con amor. Dios conoce todos los deseos de nuestra mente. No penséis que Dios sólo va a saberlo todo si se lo contamos. Hay que contarle todo a un abogado o a un médico, para que el abogado pueda defender eficazmente nuestro caso o el médico pueda realizar el diagnóstico correcto y poner el tratamiento apropiado. Pero Dios lo sabe todo aunque no le digamos nada. Dios es omnisciente. Sin embargo, cuando estamos apesadumbrados, no hay nada de malo en abrirle a Dios el corazón, descargándonos de nuestros problemas ante Él. Pero tenemos que entender que esto sólo es el comienzo. Gradualmente tenemos que aprender a adorar a Dios desinteresadamente, sin expectativas. Entonces, cuando recemos por nosotros mismos, sólo pediremos amor y devoción a Dios. Cuando el único objetivo de nuestra devoción sea llenarnos aún más de amor y devoción, también se nos dará todo lo demás que necesitemos. Nos beneficiaremos materialmente además de elevarnos espiritualmente y avanzar en el camino espiritual. Sólo podemos conocer a Dios mediante el amor y la devoción supremos e inocentes. Debemos pedir la unión con Dios. Entonces su gracia fluirá hacia nosotros automáticamente y nos llenaremos de cualidades divinas.

En el templo, intentad mantener la mente completamente concentrada en Dios. Hay que dar tres vueltas alrededor del templo repitiendo el *mantra*. Al estar delante del santuario para el *darshan*[18], cerrad los ojos y visualizad la forma divina con concentración y meditad en ella.

Sin embargo, no basta simplemente con ir al templo y practicar un poco el culto ceremonial. También hay que reservar todos los días un tiempo para meditar en Dios. Recitad vuestro *mantra* todo lo que podáis. De este modo obtenemos fuerza espiritual. Si reunimos toda el agua que fluye por los distintos brazos de un río y la hacemos fluir por un único cauce, se convertirá en una gran fuerza. Incluso podemos obtener electricidad a partir de ella. Del mismo modo, el poder de la mente se

---

[18] Audiencia con la Divinidad o una persona santa, o visión de la misma.

desperdicia en una multitud de pensamientos; pero si concentramos la mente en un único pensamiento, se convertirá en un gran poder. Si la persona media es como un poste corriente de una línea eléctrica, la persona que realiza austeridades espirituales es como una estación transformadora.

Tenemos que entender los principios básicos en los que se apoya el culto. En lugar de pensar que hay numerosas deidades distintas, debemos verlas a todas como diferentes formas del mismo Dios.

Actualmente, cada vez más gente va a los templos; pero es dudoso que la cultura y la comprensión espiritual de la gente se esté desarrollando verdaderamente al mismo ritmo. Esto se debe a que en los templos no hay prácticamente ningún sistema para explicar nuestra herencia cultural. El resultado es que la gente considera el templo un medio para satisfacer sus deseos. En nuestros días, cuando los que van a los templos cierran los ojos en oración, lo que se imaginan claramente en la mente son sus deseos. *Amma* no quiere decir que no debáis tener ningún deseo; pero cuando la mente está llena de deseos no se puede experimentar paz. Algunas personas van al templo porque temen correr algún peligro si no adoran a Dios. Pero Dios es nuestro protector en todos los sentidos. Lo que obtenemos de un culto adecuado es liberarnos completamente del miedo.

Actualmente, el culto en los templos no es más que una imitación. El culto no se realiza entendiendo los principios en que se basa. El hijo acompaña al padre al templo. El padre da vueltas el santuario. El hijo hace lo mismo. Imita todo lo que su padre hace en el templo. El hijo crece y lleva a su hijo al templo. Lo que sucedió antes se repite. Si les preguntas por qué hacen eso, no tienen respuesta. Y en los templos actuales no hay nada organizado para explicarles los principios subyacentes.

Había un hombre que hacía *puja*, culto ritual, todos los días en su templo familiar. Un día lo preparó todo, y al empezar el culto su gato entró y se bebió la leche que iba a utilizar en la *puja*. Al día siguiente, cuando se preparaba para la *puja*, puso el gato debajo de una cesta. No lo dejó libre hasta que se acabó la *puja*[19].

Convirtió en una práctica el poner al gato bajo una cesta todos los días antes de empezar la *puja*.

---

[19] Por supuesto, Dios también está presente en el gato. Pero cuando adoramos a Dios con una forma concreta, la pureza exterior es importante, porque la pureza exterior lleva a la pureza interior.

Los años pasaron de este modo. Cuando murió, su hijo empezó a encargarse de la *puja* familiar. Siguió con el ritual de poner una cesta encima del gato. Un día, lo tenía todo preparado para la *puja* y estaba buscando al gato. No podía encontrarlo. Descubrió que el gato había muerto. No perdió nada de tiempo. Trajo un gato de la casa del vecino y lo puso debajo de una cesta, ¡y sólo entonces empezó la *puja*!

El hijo nunca le preguntó a su padre por qué ponía el gato debajo de la cesta. Simplemente imitó la práctica de su padre, sin buscar la razón por la que lo hacía. Actualmente, la mayor parte de las personas realiza así los rituales. Nunca intentan conocer los principios en los que se basan. Sólo repiten lo que otros han hecho antes que ellos. Sea cual sea nuestra religión, debemos intentar conocer la razón por la que se hacen los diferentes rituales. Es lo que es necesario hacer ahora. Si lo hacemos, no sobrevivirá ningún ritual que carezca de sentido. Y si esos rituales siguen practicándose, podemos eliminarlos conscientemente.

En los templos debería haber un sistema para explicar la espiritualidad y los principios en que se basan las prácticas relacionadas con los templos. Los templos deben convertirse en centros que promuevan la cultura espiritual de la gente. De este modo podremos reclamar nuestra maravillosa herencia.

ॐ

Pregunta: ¿Para qué sirve hacer distintas ofrendas en el templo?

Amma: Dios no necesita nada de nosotros. ¿Qué le falta al Señor del Universo? ¿Para qué va a necesitar una vela el sol?

La verdadera ofrenda a Dios es vivir la vida con conciencia de los principios espirituales. Comer y dormir sólo según nuestras necesidades, hablar sólo cuando sea necesario, hablar de una manera que no hiera a nadie, no perder el tiempo inútilmente, ocuparse de los mayores y hablarles cariñosamente, ayudar a que los niños adquieran una buena educación, si no se tiene un empleo aprender algún trabajo que se pueda hacer en casa y dedicar parte de los ingresos a ayudar a los pobres: todas estas son diferentes formas de oración. Cuando llevamos la conciencia adecuada a todos nuestros pensamientos, palabras y obras, la vida misma se transforma en adoración. Esta es, realmente, la verdadera ofrenda a Dios. Pero la mayor parte de las personas no son capaces de entender esto porque no han comprendido correctamente las escrituras. En estos días se dispone de pocas ocasiones adecuadas para aprender sobre el *Sanatana Dharma*. Hay muchos templos, y mucha gente trabaja en ellos, pero hay que tomar medidas para que se pueda transmitir a la gente el conocimiento de la cultura. Esto beneficiaría mucho a la gente. Las consecuencias de esta deficiencia se pueden ver actualmente en la sociedad.

Es bueno derramar lágrimas por Dios al rezar, sean cuales sean nuestros objetivos. Esto nos conducirá al bien supremo. Un bebé puede no saber decir "papá" correctamente, pero el padre entenderá lo que el niño quiere decir. Sabe que el error del niño se debe a la ignorancia. Dios nos oye, recemos como recemos. Dios sólo se fija en nuestro corazón. No puede dar la espalda a nuestras oraciones sinceras.

Cuando oímos hablar de ofrendas en el templo, enseguida nos vienen a la mente el *payasam* y otras cosas que se ofrecen a la deidad durante la puja. Algunas personas preguntan: "¿Cómo podemos ofrecer platos dulces a Dios cuando hay personas pobres que pasan hambre?" Pero de hecho no vemos a ninguna deidad que consuma el *payasam*. Somos nosotros quienes lo comemos después. Los devotos comparten el *payasam* que se ofrece en el templo. Así, todos los pobres y los niños tienen ocasión de disfrutar de la comida. Lo que viene a nosotros como una bendición es su satisfacción. Aunque a nosotros mismos nos guste el *payasam*, nuestros corazones se abren cuando lo compartimos con otros. Esa expansión del corazón nos provoca gozo. Esta es la verdadera gracia que recibimos al hacer ofrendas en el templo.

Todo lo que hacemos es para recibir la gracia de Dios. Por eso, debemos hacerlo todo como una ofrenda a Él. El granjero reza antes de sembrar las semillas, porque el esfuerzo humano siempre es limitado. Para que una acción sea verdaderamente completa y para que dé fruto, hace falta la gracia de Dios. Se planta el arroz; crece y produce una cosecha. Pero si hay una inundación justo antes de recogerla, se pierde todo. Sea cual sea la acción, se vuelve completa por medio de la gracia divina. Por eso nuestros antepasados transmitieron la tradición de tener la actitud de empezar entregándoselo todo a Dios y sólo después ponerlo en práctica o aceptarlo. Hasta cuando comemos ofrecemos a Dios el primer bocado. Esta es la actitud de entregarse y compartir. De este modo adoptamos la actitud de considerar que la vida no es nuestra, sino algo que hay que compartir con los demás. También es un proceso de entrega de todo aquello a lo que la mente esté apegada.

Si nos preguntamos a qué está apegada nuestra mente, la mayor parte de nosotros sabemos la respuesta. El noventa por ciento de nuestros apegos son a la riqueza. Cuando se reparte la propiedad de la familia, no dudamos en arrastrar incluso a nuestra madre a juicio si nuestra parte del terreno tiene diez cocoteros menos que la de nuestros hermanos. Antes de que un hombre indio se case con una mujer, se tiene en cuenta la historia de la familia de ella así como su riqueza. Las excepciones a esto son raras, sólo unas pocas que pueden contarse con los dedos de una mano. Así que la mente está apegada sobre todo a la riqueza, y no es fácil desapegar la mente de ella. Un modo sencillo de hacerlo es dedicar la mente a Dios. Cuando le ofrecemos la mente a Dios, se purifica. Le ofrecemos a Dios las cosas que queremos como un modo de entregarle la mente.

Algunos dicen que a *Krishna* le gustaba mucho el *payasam*; ¡pero *Krishna es* la dulzura! La dulzura del amor. Nos encanta el *payasam,* y como se lo ofrecemos a *Krishna,* creemos que realmente le gusta. Pero es una ofrenda de algo que nos gusta a nosotros mismos. En esencia, el Señor es amor. Se deleita con el *payasam* de nuestro corazón, con nuestro amor.

Un devoto compró un montón de uvas, manzanas y diferentes clases de dulces y los colocó en su cuarto de la *puja* como ofrenda al Señor.

–Señor –dijo– mira cuántas cosas te he traído: ¡manzanas, uvas y dulces! ¿Estás satisfecho?

Oyó una voz que dijo:

–No, esas no son las cosas que me satisfacen.

–¡Oh, Señor, dime qué es lo que te gustaría! Te lo compraré.

–Hay una flor que se llama la flor de la mente. Eso es lo que quiero.

–¿Y dónde la puedo encontrar?

–En la casa más próxima.

El devoto fue directo a la casa de al lado, pero los vecinos no sabían nada de esa flor. Fue a todas las casas del pueblo. Todo el mundo le dio la misma respuesta:

–No hemos visto ni oído hablar de esa flor.

Por fin, el devoto volvió con el Señor, se inclinó ante él y dijo:

—Señor, por favor, perdóname. He buscado por todo el pueblo pero no he podido encontrar la flor que querías. Sólo puedo ofrecerte mi corazón.

—Esa es la flor que pedía, la flor de tu mente. Hasta ahora, todo lo que me ofrecías eran cosas creadas por mi poder. Sin la ayuda de mi poder no podrías ni levantar la mano. Todo lo que hay en el mundo es creación mía. Pero hay una cosa que has creado tú: la actitud de "yo" (el ego). Eso es lo que tienes que entregarme. Tu mente inocente es la flor que prefiero por encima de todas las demás.

Cuando comprendemos los principios divinos, las cualidades de Dios se manifiestan en nosotros. *Amma* recuerda los viejos tiempos. Antes de hacer una peregrinación a *Sabarimala*, los aldeanos hacían gachas de arroz y un curry de verduras especial y daban de comer a todos los que acudían. Antes de ponerse las bolsas especiales de peregrinación sobre la cabeza, les daban puñados de monedas a los niños. Cuando hacemos felices a otros dándoles a los pobres una suntuosa comida o dinero a los niños para caramelos, por ejemplo, nos vuelve en forma de satisfacción. La bondad amorosa que mostramos a los demás nos vuelve como gracia.

Podéis preguntar que por qué hay que ofrecerle flores a Dios. Pero eso no es sólo un ritual. También tiene un aspecto práctico. Muchas personas cultivan flores para ofrecérselas a Dios. Esto les proporciona un medio de vida a los que recogen las flores y a los que las venden. También les da satisfacción a los que compran las flores y las ofrecen a la Divinidad. Así que las flores que florecen ahora y se marchitan mañana están dando un medio de vida a mucha gente, y los que las compran y las ofrecen en el culto se sienten satisfechos. Además, estas plantas se conservan cuidadosamente en la naturaleza. Tenemos que tener en cuenta de esta manera la utilidad de todo. Podemos preguntar: ¿No es una guirnalda hecha de tela mejor que una guirnalda de flores? Aquellas guirnaldas también están bien, y dan empleo a muchas personas. Pero esas guirnaldas no perecen rápidamente. Las flores de verdad florecen hoy, se marchitan y se caen mañana. De este modo podemos utilizarlas al máximo.

La ofrenda de dinero que hacemos en el templo no es un soborno. Simboliza nuestro amor a Dios. El darle algo a alguien a quien queremos es el rostro del amor. Cuando el amor se expresa exteriormente, se convierte en bondad. Amamos a Dios; pero sólo cuando le ofrecemos algo ese amor se transforma en compasión por el mundo. Sólo los que hacen esto reciben la gracia de Dios.

Solemos obedecer cualquier cosa que diga la persona que más queremos. A un joven, la mujer que ama le dice que deje de fumar. Si le ama sinceramente, acabará con su mal hábito. Eso es amor. Por el contrario, si discute con ella y quiere saber por qué tiene que obedecerla, no hay verdadero amor. En el amor no hay dos individuos. *Amma* ha visto a muchas personas dejar sus malos hábitos de esta manera. Dicen: "¡No le gusta que beba! ¡No le gusta la ropa que llevo!" Podéis preguntar si no es una debilidad adaptarse a los que uno ama. Pero en el amor eso no es una debilidad. No se puede disfrutar del amor si intervienen la razón y la lógica. En el amor sólo hay el propio amor; no hay lugar para la lógica.

Los que amen a Dios sinceramente dejarán sus malos hábitos. No harán nada que no le guste a Dios. O, si cometen un error, se esfuerzan al máximo para no repetirlo. Ahorran el dinero que antes gastaban en malos hábitos y lo emplean para ayudar a los necesitados, porque servir a los pobres es la verdadera manera de adorar a Dios. Limitan sus lujos, y usan el dinero que ahorran de este modo para servir a los pobres. Se acostumbran a no usar las cosas más de lo que es necesario. Renuncian al ansia de amasar riquezas. Renuncian a cualquier pensamiento de enriquecerse explotando a los demás. Así, mantienen el equilibrio y la armonía de la sociedad.

Lo que hace falta no son gimnasias lógicas, sino sentido común práctico. Esto beneficia a todos. Según un dicho, mentir causa ceguera. Nuestro intelecto sabe que, si eso fuera cierto, sobre la tierra sólo habría ciegos. Pero cuando le decimos a un niño que mentir causa ceguera, deja de mentir por miedo. Suponed que le decís a un niño que está viendo la televisión: "Ven aquí, niño. ¡Te vamos a dar la inmortalidad!" El niño rechazará la oferta, diciendo que está bien viendo la tele. Pero si se le dice: "¡Corre! ¡Hay fuego en la casa!", saldrá corriendo inmediatamente por la puerta. Esas palabras le harán entrar en acción. Esto no tiene nada que ver con el intelecto. Las palabras son simplemente prácticas. Muchas prácticas pueden parecer sin sentido o supersticiosas; pero cuando las examinamos en un nivel más sutil, podemos ver que nos proporcionan muchos beneficios prácticos. La mente es muy limitada, sin discernimiento e infantil, y estas prácticas la guían en la dirección correcta.

Un niño de pecho no puede digerir la carne. Esta le haría enfermar. A un bebé sólo se le puede dar comida sencilla. Tenemos que ponernos al nivel de cada persona y proporcionarle la guía adecuada. Hay que explicarles las cosas de un modo adecuado para su constitución física, mental e intelectual. En el *Sanatana Dharma* hay enseñanzas que se expresan de modos adecuados para toda clase de personas. Por eso, algunas cosas del *Sanatana Dharma* pueden parecerles poco refinadas e incluso grotescas a algunas personas. Pero si las examinamos lógicamente, veremos lo prácticas que son. No sería incorrecto decir que el sentido práctico es la base del *Sanatana Dharma*.

ॐ

Pregunta: Vemos que se usan joyas caras para adornar las imágenes de los templos. ¿Cómo pueden esos lujos ser compatibles con la devoción y la espiritualidad?

Amma: El oro y la plata que se usan para decorar las imágenes de Dios no pertenecen a ningún individuo particular. Pertenecen a la sociedad en su conjunto. Esa riqueza permanece en el templo. ¿No es cierto que la mayoría de nosotros compramos joyas de oro y las guardamos en casa? Apreciar la belleza forma parte de nuestra naturaleza. Nos gusta cualquier cosa que sea bella. Por eso la gente se pone joyas y ropa de colores vivos. Pero esta atracción por las cosas externas causa esclavitud; refuerza la idea de que somos el cuerpo. Si nuestra atracción por la belleza se dirige hacia Dios, nos elevará. Cuando adornamos la imagen de Dios, disfrutamos de una belleza que es divina. De este modo, nuestra mente se concentra en Dios. Incluso sin adornos, Dios es la quintaesencia de la belleza. Pero normalmente sólo somos capaces de disfrutar de esa belleza por medio de determinados símbolos o accesorios limitadores. Así que adornamos esas imágenes de Dios de acuerdo con la manera en que nos imaginamos a Dios.

En la antigüedad, el rey era el soberano de todo el país; pero Dios es el gobernante del universo entero. La gente pensaba en Dios del mismo modo en que pensaba en el rey. Creían que, igual que el rey suministraba todo lo que necesitaban sus súbditos, Dios suministraba todo lo que necesitaba el universo. Pensaban en Dios como el Rey de los reyes. Por eso adornaban las imágenes de Dios, las imágenes de los templos, de manera regia y gozaban con esa belleza.

Un puchero de oro no necesita ningún adorno. Dios no necesita ningún adorno. Dios es la Belleza de todas las bellezas. Aun así, adornar una imagen divina y ver esa bella imagen llena de gozo a algunos devotos y en sus corazones se crea un ambiente positivo. Los adornos hacen crecer la devoción de esas personas.

El esfuerzo por ver la belleza en los objetos exteriores persistirá hasta que se alcance el estado de *jivanmukta*[20]. La gente busca la belleza en todas partes. Quieren ser la mujer más bella o el hombre más apuesto. Como Dios es la belleza perfecta ¿qué puede haber de malo en querer ver a Dios (o la imagen de Dios) con la forma más bella? Dios es la conciencia omnipresente. Los devotos saben que Dios está en todas partes, dentro y fuera. Sin embargo, como son devotos, naturalmente quieren ver esa forma cautivadora con sus propios ojos y disfrutar de esa belleza.

---

[20] El estado de autorrealización o iluminación que se logra estando todavía vivo.

"Sus labios son dulces, su rostro es dulce, sus ojos son dulces, su sonrisa es dulce, su corazón es dulce, su modo de andar es dulce. ¡Todo en el Señor de *Mathura*[21] es dulce![22]" Así, el devoto ve belleza en todo lo que se relaciona con Dios, e intenta disfrutar de esa belleza por medio de todos los sentidos: la forma de Dios por los ojos, su canción divina por los oídos, su *prasad* por la lengua, su aroma por la nariz, los ungüentos especiales (como, por ejemplo, pasta de sándalo) por el tacto. De este modo, cada uno de los sentidos puede usarse para concentrar la mente plenamente en Dios.

Dios es totalmente completo, aparezca bajo la forma de un rey o la de un mendigo. Adornamos a Dios según nuestra imaginación, eso es todo. Dios no puede estar limitado a nuestros conceptos, que son tan limitados. Ni tampoco le falta nada. A Dios le da lo mismo si adornamos su imagen o no. Ninguna de las cosas tan caras que le ofrecen los devotos le afecta en absoluto. Sólo son adornos, meros ornamentos para satisfacerle al devoto.

---

[21] El Señor de *Mathura* es *Krishna. Mathura* era la capital del reino que *Krishna* recuperó de su malvado tío *Kamsa* y devolvió a su abuelo para que lo gobernase.
[22] *Madhurashtakam*, de *Sri Sankaracharya*.

En relación con esto, *Amma* recuerda la historia de *Sri Rama*. Se había tomado la decisión de proclamar a *Rama* príncipe heredero. Los preparativos de la ceremonia ya estaban en marcha. Pero de repente le pidieron que se exiliara en el bosque, y partió sin que cambiaran sus emociones. Si hubiera querido, habría podido reinar como soberano –todo el pueblo estaba de su parte– pero a pesar de eso se fue y nunca se arrepintió de su decisión, porque no estaba apegado a nada. Este es el desapego que tenemos que lograr adorando a Dios.

El ladrón que llevan detenido está rodeado de policías. El primer ministro también está rodeado de policías. Pero en el caso del primer ministro, la policía está bajo su control. Si no quiere que estén allí les puede mandar que se vayan. El ladrón, por el contrario, teme a la policía y está bajo su control. Dios es como el primer ministro. Todo está bajo su control. Esto no cambia, independientemente de la forma que adopte. Cuando Dios se manifiesta en la tierra como las diferentes encarnaciones, esas encarnaciones se comportan como seres humanos porque quieren ser ejemplos vivientes para el mundo. Pero esto no las ata de ninguna manera. Son como la mantequilla en el agua. Son como un cacahuete maduro en su cáscara. No están apegadas a nada, ni nada puede pegarse a ellos.

ॐ

Pregunta: Existe la práctica de ofrecer sustancias como la miel y la mantequilla clarificada en el fuego durante un *homa* (ritual del fuego sagrado) para obtener la gracia de Dios. ¿Está bien desperdiciar las cosas de este modo? Se dice que se ofrecen en el fuego muchos materiales caros. ¿Qué opina *Amma* de esto?

Amma: Amma no aprueba la ofrenda de materiales caros en el fuego. Si eso se ha hecho, puede haber sido para eliminar el apego de la mente a esos materiales. Aun así, es mejor dar esas cosas como regalos que arrojarlas al fuego. Eso beneficiaría a los pobres, y eso le parece más lógico a *Amma*.

Sin embargo, hay significados sutiles implicados en el *homa*. Lo que se está ofreciendo a Dios es el ego. El ego es la creación de la mente, y el *homa* simboliza la entrega de la mente a Dios. Ofrecemos en el fuego materiales que simbolizan nuestros sentidos, porque nuestros sentidos constituyen la esclavitud o los apegos de la mente. Para recibir la gracia de Dios no es necesario realizar un ritual en el que ofrezcamos diversos objetos al fuego. Lo único necesario es hacer buenas acciones. Basta con amar y servir a los demás. La gracia de Dios llegará a los que tengan esta actitud.

En otro sentido, los materiales ofrecidos en el fuego del *homa* no se están desperdiciando realmente. Las ceremonias como el *homa* han sido formuladas en la parte de los Vedas que trata sobre los rituales. Algunos de los beneficios de esos rituales han sido probados científicamente. El *homa* beneficia a la naturaleza. Cuando se ofrecen en el fuego mantequilla clarificada, coco, miel, semillas de sésamo, hierba *karuka* y otros ingredientes, el humo del fuego tiene la capacidad de purificar la atmósfera. Desinfecta sin usar productos químicos venenosos. Los que respiran el fragante humo del *homa* también resultan beneficiados.

Nuestros antepasados de la antigüedad encendían el fuego frotando trozos especiales de madera. Esto no contaminaba el aire como lo hacen las cerillas. Encendiendo el fuego al amanecer, sentándonos a su lado en una postura cómoda y realizando el *homa*, adquirimos concentración mental. Los pensamientos disminuyen. La tensión mental se reduce. Al estar sentados cerca del fuego, el cuerpo suda y se eliminan sus impurezas. Inspiramos el aroma de la mantequilla clarificada y el coco que están ardiendo, y esto es bueno para la salud. Simultáneamente, la atmósfera se purifica. Todas las prácticas y rituales recomendados por nuestros antepasados estaban destinadas no sólo a la purificación interna, sino a conservar la armonía de la naturaleza. Ninguna de las acciones prescritas causaba contaminación alguna.

En los viejos tiempos, en la mayor parte de los hogares existía la costumbre de encender una lámpara de aceite al anochecer. Quemar una mecha puesta en aceite en una lámpara de bronce contribuye a purificar la atmósfera. De pequeña, *Amma* observaba cómo el humo de esas lámparas se recogía en un tazón. Las mujeres mezclaban el hollín que quedaba con zumo de lima, y cuando nacía un niño la mezcla se aplicaba a los ojos del bebé. Esto destruye los organismos que hay debajo de los párpados sin efectos secundarios dañinos. Ese humo es muy diferente del humo de una lámpara de queroseno.

La mayor parte de las costumbres practicadas en los viejos tiempos beneficiaban a la naturaleza. En el pasado, cuando vacunaban a los niños, las madres aplicaban estiércol de vaca al lugar de la inyección para que se curara rápidamente. Si aplicáramos estiércol de vaca actualmente, la herida se infectaría por lo impuro que se ha vuelto el estiércol actualmente. El remedio del pasado se ha convertido en el veneno de hoy. En aquellos días no se usaban en la agricultura productos químicos tóxicos; sólo se usaban como abono hojas y estiércol. Pero actualmente la mayoría de los granjeros usan abonos e insecticidas tóxicos. Con la paja de esas granjas se alimenta a las vacas, y por lo tanto el estiércol de esas vacas es tóxico. Sería peligroso tocar una herida con ese estiércol. Así de contaminada está ahora la naturaleza.

Amma no ignora el hecho de que el uso de abonos químicos puede reportar ganancias económicas. Con esos productos químicos obtenemos temporalmente mejores cosechas. Pero en otro sentido nos están matando. Podemos argumentar que las cosechas más grandes son una solución para el hambre; pero olvidamos el importante hecho de que, como la gente consume verduras y cereales cultivados usando esos abonos tóxicos, innumerables células de sus organismos perecen.

No nos tomamos en serio el pinchazo de una aguja pequeña; pero si nos pinchan continuamente podemos acabar muriendo. Las consecuencias de las substancias tóxicas que entran en nuestro cuerpo son algo parecido. Cada una de nuestras células se está muriendo. Sólo comprenderemos la gravedad del asunto cuando caigamos muertos. Por medio de la comida, el agua y el aire, consumimos numerosos venenos. Estos nos hacen enfermar y nos conducen más rápidamente hacia la muerte.

No nos damos cuenta de que muchas cosas que se hacen hoy en nombre de la higiene tienen efectos negativos. La gente usa productos de limpieza químicos para limpiar y desinfectar sus casas; pero incluso respirar el olor de muchos de esos productos es malo para la salud. Además, matan microorganismos beneficiosos. Por el contrario, cuando realizamos un *homa*, los materiales que se ofrecen en el fuego matan los gérmenes y purifican el aire. Ninguno de estos materiales tiene ningún efecto dañino.

Actualmente, usamos productos químicos venenosos para matar a las hormigas. Esos pesticidas no sólo perjudican a las hormigas, sino también a nuestras propias células. Pero cuando respiramos el aire fragante que se eleva del fuego del *homa*, las células de nuestro cuerpo se vuelven más fuertes y sanas. Ese aire beneficia no sólo a los seres humanos sino también a los demás seres vivos y a la naturaleza.

En el pasado, la gente usaba aceite de ricino como laxante. No era en absoluto dañino. Pero actualmente mucha gente usa distintas píldoras como laxantes. Esas substancias funcionan como laxantes, pero a la vez destruyen muchas bacterias beneficiosas del cuerpo, y pueden tener también otros efectos secundarios. A pesar de que saben esto, a muchas personas les resulta cómodo contar con esos laxantes. La gente tiende a tener en cuenta sólo lo que parece más cómodo en el momento, y elige ignorar las consecuencias futuras.

En los viejos tiempos, la gente realizaba cada acción a la luz de una visión general de la naturaleza. El *homa* empezó a hacerse desde este punto de vista. *Amma* no quiere decir que todo el mundo deba empezar a hacer *homas*. Basta con dedicar ese dinero a actividades caritativas. Además de esto ¡plantad diez nuevos árboles! Esto beneficiará a la atmósfera y ayudará a conservar la naturaleza.

ॐ

Pregunta: ¿Se obtiene algún beneficio cantando los nombres divinos, rezando, recitando mantras, etc.? En lugar de eso, ¿no deberíamos emplear ese tiempo haciendo algo útil por el mundo?

Amma: Mucha gente canta canciones sensuales. Si les dijéramos: "¿Para qué sirve eso? ¿No deberíais estar haciendo algo útil por el mundo en lugar de eso?", ¿qué responderían? ¿No es cierto que sólo los que experimentan el beneficio de algo pueden entenderlo? A la gente le gusta escuchar canciones corrientes. Cuando el devoto oye que se canta el nombre de Dios, se olvida de todo lo demás y se absorbe en lo Divino. Las canciones corrientes son agradables, porque hablan de las emociones de la mente y las relaciones mundanas. Los oyentes se absorben en esos sentimientos y los disfrutan. Pero cuando se cantan canciones devocionales y oraciones, tanto los cantantes como los oyentes experimentan paz mental.

La música del estilo de la música disco despierta distintas olas emocionales. Al escuchar canciones sensuales, se despierta el estado de ánimo de amante y amado y se inducen pensamientos y sentimientos relacionados. Las canciones devocionales, por el contrario, nos recuerdan nuestra relación con Dios. Se despiertan cualidades divinas en lugar de emociones mundanas. Las emociones se aquietan y esto da paz tanto a los cantantes como a los oyentes.

Amma no rechaza las canciones corrientes. Mucha gente disfruta con ellas. En el mundo hay distintas clases de personas. Todo tiene una determinada relevancia en el nivel en que se encuentra cada individuo. Así que *Amma* no rechaza nada.

Cuando cantamos las glorias de Dios, no sólo estamos aspirando al estado de Conocimiento de Dios; también hay otros beneficios. Las canciones devocionales y las oraciones engendran vibraciones positivas en nuestro interior y en todo nuestro entorno. Ahí no hay lugar para ninguna ira o negatividad; sólo existe el sentimiento que convierte a todos en amigos. A través de la oración, en la mente del devoto tiene lugar un proceso de contemplación. Un niño repite una palabra diez veces, la fija en la memoria y la asienta firmemente en el corazón. Igualmente, cuando cantamos canciones devocionales, cuando cantamos acerca de las glorias de Dios una y otra vez, se arraigan en nuestro corazón y nuestra vida se enriquece.

Cantar canciones devocionales alegra la mente. Es relajante para la mente. Para experimentarlo plenamente tenemos que desarrollar la actitud:

"No soy nada. Tú (Dios) lo eres todo". Eso es la verdadera oración. No es fácil desarrollar esta actitud. El sol tiene que salir para que la oscuridad desaparezca. Sólo cuando surja el conocimiento podrá florecer plenamente este estado mental. No tenemos que esperar hasta entonces. Basta con cultivar la predisposición mental correcta y avanzar.

No debemos olvidar que Dios es nuestra fuerza. Ni siquiera nuestra siguiente respiración está bajo nuestro control. Empezamos a bajar las escaleras diciendo "ahora mismo estoy abajo", pero oímos hablar de muchas personas que mueren de un ataque al corazón antes de poder terminar la frase. Así que tenemos que desarrollar la actitud de que sólo somos instrumentos en manos de Dios.

No debemos rezar o cantar canciones devocionales sólo para ver satisfechos nuestros deseos. Hay muchos que consideran la oración un medio de conseguir beneficios personales. La finalidad de la oración es despertar en el interior cualidades positivas, buenas vibraciones. Si se vive sólo para satisfacer los propios deseos, aumentarán los robos, los asesinatos y las violaciones. Como hay policía, y la gente teme a la policía, al menos hay algún límite para los delitos en la sociedad. Pero lo que realmente ayuda a la gente a permanecer en el

camino correcto es el *amor*, el amor y la devoción
a Dios. Este es el modo práctico de mantener la
armonía en la sociedad. La oración acompañada
de pensamientos positivos produce buenas vibraciones. La oración acompañada de pensamientos
negativos produce malas vibraciones. Las vibraciones que rodean a una persona que reza dependerán
de la naturaleza de su oración. Si la persona reza
para perjudicar a un adversario, estará llena de
vibraciones de ira, y lo que el mundo recibirá de
esa persona es ira. En consecuencia, las vibraciones que un individuo en oración emite al mundo
se corresponden con la actitud mental que tiene
en su oración.

En una persona surgen diferentes emociones
cuando piensa en su madre, su esposa y sus hijos.
Cuando recuerda a su madre, su mente se llena de
amor maternal y cariño. Los pensamientos sobre
su esposa pueden producir sentimientos conyuga-
les y sensaciones de compartir los corazones. Pensando en sus hijos, siente amor de padre o madre.
Todos estos sentimientos residen en la mente y pro-
vocan diferentes vibraciones. Como las vibraciones
dependen del estado mental de cada uno, debemos asegurarnos de que nuestras oraciones vayan
siempre acompañadas de pensamientos positivos.

Sólo entonces nos beneficiarán a nosotros y a la sociedad en su conjunto. La oración acompañada de buenos pensamientos, sin ningún sentimiento de ira o de venganza, no sólo elimina la tensión mental sino que también crea un ambiente positivo interior y exterior.

Los pensamientos son como un virus contagioso. Si te acercas a una persona que tiene fiebre, tú también puedes cogerla, porque te pueden contagiar los gérmenes que transmiten la enfermedad. Si vas a un lugar donde se llenan botellas de perfume, tu cuerpo recogerá el aroma. Del mismo modo, donde se canta la gloria de Dios se crean vibraciones sutiles. Esas vibraciones se extienden a nuestra aura. Pero para que esto suceda tenemos que abrir el corazón. Sólo entonces podremos disfrutar de ellas y recibir la energía. Si la mente tiene una actitud negativa, no obtendremos el beneficio.

Incluso en un entorno espiritual, los intereses de la gente a menudo están limitados al plano de los sentidos. Por eso algunas personas no reciben la gracia de los maestros espirituales a los que se acercan y que puede que incluso los bendigan mentalmente. Una rana que vive debajo de un loto no es consciente de la flor ni puede disfrutar de su aroma. Hasta alrededor de una ubre llena de leche, lo único que atrae a los mosquitos es la sangre.

Algunas personas no son capaces de ver los cambios que se producen en los que practican enseñanzas espirituales. Sólo ven los defectos de todo. Hay algunos que critican el hinduismo, señalando los sacrificios de animales que en una época se practicaron en nombre de la religión. ¡Oyéndolos, parece que el hinduismo sólo consiste en sacrificios de animales! En el pasado, cuando se les pedía que sacrificaran el animal que tenían dentro —el ego— algunas personas, por ignorancia, ofrecían animales vivos reales en sacrificio. Pero actualmente ¿no vemos gente moderna que afirma conocer la verdad, y que realiza sacrificios humanos por todo el mundo? ¡Pensad en a cuántos se mata en nombre de la religión y la política! Decimos que nos hemos elevado por encima de nuestros antepasados, cuando en realidad no es así. El progreso ascendente que manifestamos en realidad nos está conduciendo a la perdición. Para entenderlo, debemos ver la perspectiva completa de la situación; tenemos que verla a vista de pájaro, porque si miramos desde abajo sólo veremos una parte muy limitada.

La mayor parte de la gente pertenece a un partido político. Pueden sentirse atraídos por ese partido por la vida de sus líderes y su idealismo y sacrificios. Tras haber adoptado esos ideales, pueden haber empezado a trabajar para el partido. Sin embargo, sería aún mejor que adoptaran ideales espirituales, porque en esos principios no hay ira ni venganza, ni egoísmo. ¿Dónde podemos encontrar ideales más elevados que los de la *Bhagavad Gita*?

Habrá quien pregunte: "¿No dice *Krishna* en la *Gita* que tenemos que entregarlo todo y trabajar sin remuneración?" Pero casi nadie piensa en por qué el Señor dijo eso. Si se siembran semillas, pueden germinar o no. Si no llueve, se pueden excavar pozos y conseguir agua para regar; pero por mucho que se intente, no se puede saber con certeza si la cosecha va a ser buena. Justo antes de la recogida, una gran tormenta o una inundación podrían destruir la cosecha entera. Esta es la naturaleza del mundo. Si podemos aceptar esto, podemos vivir sin pesar. Por eso dijo *Krishna*: "Lleva a cabo tu trabajo; el resultado está en manos de Dios. ¡No te preocupes por eso!" Por grande que sea nuestro esfuerzo, también se necesita la gracia de Dios para obtener los frutos adecuados de nuestras acciones. Esto es lo que Él enseñó, no que no debiéramos pedir o recibir un salario por nuestro trabajo.

Si crees sinceramente que en lugar de cantar las glorias de Dios, rezar o recitar sus nombres, basta con realizar acciones que beneficien al mundo, entonces eso es realmente suficiente. Dios no es alguien que esté sentado más allá del cielo. Dios está en todas partes. El Creador y la creación no son dos cosas distintas. El oro y la cadena de oro no son diferentes: hay oro en la cadena y la cadena es oro. Dios está dentro de nosotros y nosotros estamos en Dios. De hecho, lo mejor es ver a Dios en todos los seres humanos y adorarlos. Pero la mente tiene que aceptar esta actitud al cien por cien. Es muy difícil realizar acciones de un modo completamente desinteresado. El egoísmo se presentará sigilosamente sin que nos enteremos, y en consecuencia no recibiremos todo el beneficio de esa acción desinteresada.

La gente puede decir: "No hablemos de jefes y trabajadores. ¡Que haya igualdad!" Pero ¿cuántos jefes están dispuestos a incluir a sus trabajadores en su propia clase? ¿Está dispuesto el líder que habla de los derechos de los trabajadores a cederle su puesto a un seguidor? El desinterés tiene que ver con las acciones, no con las palabras. Pero esto no pasa en un día, porque requiere una práctica constante. Tenemos que recordar llenar cada respiración de pensamientos positivos. Debemos intentar cultivar buenas cualidades. Cuando lo hacemos, nuestra respiración creará buenas vibraciones en el ambiente. A menudo se dice que las fábricas contaminan el aire; pero hay un veneno aún mayor dentro del ser humano, y es el ego. Es lo que hay que temer por encima de todo. El canto devocional y las oraciones ayudan a purificar la mente que lleva esos venenos.

Es difícil hacer parar a una vaca que corre corriendo detrás de ella. Si, por el contrario, alargas la mano con el pienso que le gusta a la vaca y la llamas, la vaca acudirá y entonces será fácil atar al animal. Igualmente, cantar un mantra nos ayudará a llegar a controlar la mente.

Aunque seamos uno con el Creador, ahora no tenemos la mente bajo control, y por eso no somos conscientes de esa unidad. Necesitamos hacernos con el control de la mente, igual que usamos el mando a distancia del televisor para seleccionar el canal deseado. Ahora nuestra mente está persiguiendo muchas cosas diferentes. Cantar los nombres divinos es un modo fácil de volver a atraer la mente rebelde y hacer que se concentre en Dios.

Mediante la práctica espiritual, la mente adquiere la capacidad de adaptarse a cualquier situación. Las personas tienden a estar tensas. La repetición de un mantra es un ejercicio que nos quita la tensión. En los viejos tiempos, los niños usaban una determinada clase de semillas para aprender a contar. Usando las semillas, practicaban "uno, dos, tres", etc. Después podían contar mentalmente sin ayuda de las semillas. Cuando una persona olvidadiza va de compras, lleva una lista. Cuando ya ha comprado los productos, puede tirarla. Del mismo modo, ahora nos encontramos en un estado de olvido. No estamos despiertos. La repetición del mantra y otras prácticas son necesarias hasta que se produzca el despertar.

Igual que hay reglas para todo, hay unas determinadas reglas para la meditación y las otras prácticas espirituales. Cualquiera puede cantar canciones corrientes, pero sin una formación musical no se puede dar un concierto de música clásica. Hay reglas para tocar en un concierto. Del mismo modo, hace falta un cierto entrenamiento para meditar con éxito. La meditación es algo muy práctico, pero pueden surgir problemas si no se tiene cuidado de hacerla de manera provechosa.

Un tónico para la salud es bueno para el cuerpo; pero si en lugar de la dosis prescrita de una cucharadita se bebe uno la botella entera, puede hacerle daño. O si tomas dos cucharadas en lugar de las cinco prescritas, tampoco servirá de nada. Hay que atenerse a la dosis prescrita. Del mismo modo, hay que meditar según las indicaciones del maestro espiritual. Hay algunas prácticas espirituales que no son adecuadas para todos. Si la persona equivocada hace esas prácticas, puede ser incapaz de dormir, o incluso puede volverse violento y contraer determinadas enfermedades físicas. De modo que si no se tiene cuidado, puede ser peligroso. Sin embargo, estos problemas no existen cantando canciones devocionales, ni en la recitación o la oración. Cualquiera puede realizar estas prácticas sin peligro. Con la meditación hay que tener más cuidado. Con la meditación, el buscador necesita la ayuda de un maestro. Una nave espacial puede despegar de la tierra venciendo la gravedad terrestre, pero a menudo necesita la propulsión de un segundo cohete, un cohete secundario, para modificar el rumbo y proseguir el viaje. Del mismo modo, el estímulo de la guía del maestro es imprescindible para avanzar en el viaje espiritual.

Todos tenemos el poder de ser Dios o un demonio. Podemos ser o *Krishna* o *Jarasandha*[23]. En nuestro interior tenemos ambas cualidades: el amor y la ira. Nuestra naturaleza quedará determinada por cuál de esas cualidades decidamos alimentar. Por eso, tenemos que cultivar buenos pensamientos, libres de todo espíritu de ira, y una mente clara, libre de conflicto. Mediante la oración y la repetición de un *mantra* podemos eliminar las negatividades de nuestra mente y olvidar completamente las cosas que no sean esenciales. Normalmente, olvidamos las cosas cuando estamos inconscientes, y cuando recuperamos la conciencia volvemos a recordarlas. Esto nos devuelve la tensión. Pero lo que sucede gracias a las prácticas espirituales es diferente, porque en la práctica espiritual nos olvidamos de lo que no es deseable permaneciendo plenamente despiertos.

Pegando en una pared un cartel con tres palabras en el que diga "Prohibido pegar carteles"

---

[23] *Jarasandha* era un rey poderoso pero perverso que gobernaba el país de *Magadha* en tiempos de *Krishna*. Sometió más de cien reinos. Fue derrotado repetidamente en varias guerras en las que luchó contra *Krishna*. Más tarde, *Bhima*, siguiendo el consejo de *Krishna*, mató a *Jarasandha* en un combate entre los dos.

podemos evitar cientos de palabras. Es cierto que nuestro aviso también es un cartel, pero contribuye a un objetivo más amplio. La recitación de un *mantra* es algo parecido. Recitando un *mantra* reducimos el número de pensamientos. Cuando se mantienen a distancia los otros pensamientos, se elimina la tensión que suele surgir de esos pensamientos. Al menos mientras lo recitamos la mente está en calma. No hay ni ira ni negatividad. La mente se purifica. El egoísmo disminuye y ganamos amplitud mental. También creamos buenas vibraciones en la naturaleza.

Si llevamos a un solo canal el agua que fluye por muchos canales distintos, podemos utilizarla para producir energía eléctrica. Por la repetición del *mantra* y la meditación podemos controlar el poder de la mente, que de lo contrario se pierde en una multitud de pensamientos. De este modo podemos conservar y aumentar nuestra energía.

Un mozo de cuerda hace estudios superiores y se convierte en un científico. El científico sigue utilizando la misma cabeza que antes cargaba equipajes. Pero, ¿es la capacidad del mozo de cuerda la misma que la del científico? Si un mozo de cuerda puede llegar a ser un científico, ¿por qué una persona corriente no va a ser capaz de transformarse en un ser espiritual? Esto es posible mediante la práctica espiritual, una actitud desinteresada y buenos pensamientos. Se puede acumular una buena cantidad de poder espiritual concentrando la mente. El poder que se obtiene recitando *mantras* puede emplearse de un modo que beneficie al mundo. Ahí no hay egoísmo. El mundo sólo recibe buenas palabras y acciones de esos individuos.

Todas las prácticas espirituales se llevan a cabo para desarrollar en nosotros la actitud de querer dedicarnos al mundo. Pero *Amma* está dispuesta a adorar los pies de los que no sienten la inclinación de practicar disciplinas espirituales pero están, de todas formas, dispuestos a dedicar su vida al mundo. El beneficio que se obtiene mediante la oración también puede obtenerse por medio del servicio desinteresado. En el desinterés se está completo. En ese estado, el individuo limitado desaparece.

ॐ

Pregunta: Algunas personas lloran cuando rezan. ¿No es esto un signo de debilidad? ¿No perdemos simplemente nuestra energía llorando así?

Amma: Derramar lágrimas al rezar no es ninguna debilidad. Cuando lloramos por cosas corrientes, es como un trozo de leña que se quema inútilmente. Pero cuando lloramos al rezar, es como usar esa leña encendida para hacer *payasam*: nos da dulzura. A medida que una vela se quema, su brillo aumenta. Derramar lágrimas por cosas materiales quizá nos ayude a aligerar la carga de nuestro corazón; pero no debemos perder el tiempo llorando por lo que se ha ido o por lo que todavía tiene que llegar. "¿Estudiará mi hijo lo suficiente y aprobará el examen?" "¡Fíjate lo que me han hecho!" "¿Qué van a decir los vecinos?" Sentarse a llorar por esas cosas puede considerarse una debilidad. Sólo llevará a una depresión y otros desórdenes mentales. Sin embargo, cuando abrimos el corazón y le rezamos a Dios, sentimos paz y quietud mental.

Cuando rezamos porque añoramos a nuestro Dios, alimentamos las cualidades positivas en nuestro interior. Una oración sentida en la que lloremos por Dios estabiliza y concentra la mente, que llega a concentrarse sólo en Él. En lugar de perder energía, con esa concentración ganamos energía. Aunque Dios esté dentro de nosotros, no tenemos la mente concentrada en Dios. Llorar al rezar es un modo de concentrar la mente en Dios.

Cuando un niño pequeño dice que tiene hambre, la madre quizá no responda inmediatamente. Pero, ¿qué pasa si el niño se pone a llorar? La madre vendrá corriendo, dispuesta a recoger y alimentar a su hijo. Del mismo modo, derramar lágrimas al rezar es un buen modo de conseguir controlar la mente. Ciertamente no es una debilidad.

Alguien que siga el camino de la auto-indagación dice: "Yo no soy la mente, el intelecto o el cuerpo. Yo no tengo mérito o demérito. Yo soy el Ser puro". Este proceso de negación se realiza con la mente. Para los que no han estudiado meditación, yoga o las escrituras, una manera fácil de controlar la mente es contárselo todo a Dios con el corazón abierto, llorar y rezar por el conocimiento de la verdad. Esta también es una forma de negación, porque en lugar de decir "yo no soy esto, yo no soy aquello", le decimos a Dios: "Tú lo eres todo".

A algunas personas les gusta leer en voz baja. Otras tienen que leer en voz alta para entender las palabras. A unos les gusta cantar fuerte, mientras que otros disfrutan canturreando suavemente. Cada persona elige lo que le va bien. Sería un error etiquetar cualquiera de estas opciones como debilidades. Es un asunto de opción personal.

Dios está dentro de ti, pero no tienes la mente sintonizada con Él. Imagínate que hay un tarro delante de ti. Aunque tengas los ojos abiertos, si tienes la mente en otra parte no verás el tarro. Si la mente no está presente no se puede oír a alguien que esté hablando. Del mismo modo, aunque Dios esté en nuestro interior, no lo conocemos porque no tenemos la mente enfocada hacia el interior. No estamos mirando hacia adentro. Normalmente, la mente está atada a muchas cosas. Tenemos que hacer que la mente regrese y enfocarla en Dios. De este modo podemos cultivar las cualidades de Dios en nuestro interior, cualidades como el amor, la compasión y la visión ecuánime. Debemos desarrollar estas cualidades dentro de nosotros y en torno a nosotros, para que otros puedan beneficiarse. La oración tiene el mismo efecto.

Uno de los hijos de *Amma* le dijo a *Amma*:

–No me gusta rezar. ¿Para qué sirve rezar?

Amma dijo:

–*Amma* va a preguntarte una cosa. Imagínate que estás enamorado. ¿Te disgustaría hablar con tu amada? ¿No te gustaría? La oración es así para el devoto. Para el devoto, Dios lo es todo. Y si alguien desaprobara que hablaras con tu amada, ¿cómo reaccionarías? ¿Te importaría lo que piensa esa persona? Tu afirmación sobre la oración es como la crítica de esa persona. El amor que sentimos por Dios no es un amor corriente. Es algo totalmente sagrado.

El amor y la devoción a Dios no se pueden comparar con ninguna relación amorosa corriente. El hombre ansía el amor de una mujer, y la mujer ansía el amor de un hombre. En ese amor, cada uno disfruta del otro; pero no experimentan plenitud o perfección, porque ambos son mendigos. La oración que la devota dirige a Dios es diferente. La devota pide la gracia para desarrollar interiormente las cualidades de Dios y la amplitud de miras para ver y amar a todos como Dios. Para ello, la devota comparte con Dios los sentimientos de su corazón. No sólo alimenta las cualidades divinas interiores, sino que también transforma su vida en algo que sea de beneficio para los demás. La gente corriente comparte sus sentimientos con muchos otros. Ansía ser amada por otros. Pero la devota sólo comparte su corazón con el Dios que mora en su interior, rezándole "¡Déjame ser como Tú! ¡Dame la fuerza para amar a todos los seres, y la fuerza para perdonar!"

El canto devocional es el deleite absoluto del corazón del devoto; es la forma de satisfacción del devoto. La gente mundana halla su placer en las cosas exteriores; pero el deleite interior es diferente; y es inofensivo. Cuando lo has experimentado, ya no sigues buscando satisfacciones exteriores. Si en casa te dan una comida deliciosa, ¿seguirás buscándola en otras partes? En la oración, miramos en nuestro propio interior, buscando un lugar de reposo. No es como una vela que haya que encender con ayuda exterior. Es una luz que brilla espontáneamente. Es un camino en el que descubrimos la luz que brilla en nuestro interior.

En el mundo material, la gente busca satisfacción por medio del deseo. Pero lo que da paz mental es la oración. Se puede experimentar algo de paz en el mundo material, pero nunca es permanente. Si el amado te ignora, te sientes triste. Si una persona no quiere hablar, la otra se siente triste. La gente busca la felicidad, y cuando no consigue obtenerla, experimenta más tristeza. Cuando compartimos nuestras penas con otros, ellos responden contándonos las suyas. ¡Acudimos a alguien en busca de consuelo y volvemos cargados con el doble de tristeza! Como la araña que teje su red y después muere en ella, las personas que tienen estos apegos acaban atados por ellos. Es como una pequeña serpiente que intentara tragarse una gran rana. Para liberarse de esta situación hay que desarrollar la actitud de un testigo. Esta es también la meta de la oración.

Había dos mujeres que eran vecinas. El marido de una de ellas murió. En su dolor, la viuda gemía con fuerza. La otra mujer fue a consolarla, diciéndole: "¿Quién está libre de la muerte? Si no es hoy, pasará mañana. La corriente eléctrica no se destruye aunque se estropee la bombilla. Del mismo modo, el Ser no puede ser destruido aunque el cuerpo perezca". Con palabras como estas, consoló a la mujer llorosa. Algún tiempo después, murió el hijo de la segunda mujer. Esta lloraba incontrolablemente. La viuda fue a verla y le dijo a su afligida amiga: "¿No eres tú la que vino a consolarme cuando murió mi marido? ¿Recuerdas lo que me dijiste entonces?" Pero, dijera lo que dijera la viuda, no podía lograr que su amiga dejara de llorar. La mujer que había perdido el hijo estaba completamente identificada con su propio dolor. Pero cuando era la vecina la que había perdido al marido, había sido capaz de mantenerse apartada y contemplar la situación de su amiga como un testigo. Y había sido capaz de consolarla en cierta medida. Le había dado fuerza.

Siempre que nos identificamos con una situación, nuestro sufrimiento aumenta; pero cuando vemos una situación desde el punto de vista del testigo, nuestra fuerza interior crece. Leemos en un periódico una noticia sobre un accidente de aviación. Si nuestros hijos o nuestros parientes estuvieran en ese vuelo, no seríamos capaces de leer la siguiente línea a causa del dolor. Si no existe la posibilidad de que nuestros seres queridos estuvieran en ese avión, nuestros ojos terminarán de leer la noticia despreocupadamente y después se dirigirían a la noticia siguiente.

En las relaciones mundanas podemos experimentar sufrimiento. Si disminuye el amor de una persona, la otra persona puede enfadarse. La razón es que la relación se basa en deseos y esperanzas, en intereses y expectativas. Pero cuando lloramos por Dios es completamente diferente, porque no esperamos nada a cambio de nuestro amor. Y sin embargo, en ese amor sin expectativas se nos da todo. En la verdadera oración, decimos: "Dios, danos tus cualidades y tu fuerza para hacer servicio desinteresado".

A menudo, a los escolares se les pide que escriban un acontecimiento o un pasaje una y otra vez para que puedan recordarlo. Si escriben diez veces una lección que han olvidado, no volverán a olvidarla. Se les queda firmemente grabada en la memoria. Del mismo modo, cuando reflexionamos repetidamente sobre las cualidades divinas durante nuestras oraciones, estamos apropiándonos de esas cualidades. Las estamos grabando en nuestra conciencia. El devoto que despierta en sí mismo estas cualidades no queda atado por ellas, sino que se eleva a un estado que está más allá de todas las cualidades. A quien está más allá de todas las cualidades no le ata nada. Esa persona permanece como testigo. Alimentando las cualidades divinas que tenemos, nos olvidamos de nosotros mismos y somos capaces de amar y ayudar a los demás. Entonces el individuo limitado ya no está ahí. Es un estado más allá de todas las cualidades.

ॐ

Pregunta: Algunas personas califican de obsceno el *Shiva linga*[24]. ¿Tiene esto algún fundamento?

Amma: Hijos míos, la gente sólo dice esas cosas porque no entiende el principio que hay detrás del *Shiva linga*. Cada individuo ve el bien o el mal en todo dependiendo de las tendencias interiores de esa persona.

Cada religión y cada organización tienen sus propios símbolos o emblemas. La tela que se emplea para hacer la bandera de un país o de un partido quizá no cueste más de diez rupias; pero pensad en el valor que se le atribuye a la bandera. En esa bandera, la gente ve su país o su partido. Para los militantes del partido, la bandera simboliza los ideales del partido. Si alguien escupiera en esa tela o la hiciera pedazos diciendo que no cuesta más que diez rupias, se produciría un grave conflicto. Cuando veis una bandera, no pensáis en el algodón del que está hecha. No pensáis en los excrementos que se han utilizado como fertilizante para cultivar ese algodón, y lo mal que debe de haber olido. En esa bandera sólo veis los ideales del país o del partido político que representa.

---

[24] Una piedra oval alargada; el principio de la creatividad; a menudo adorado como símbolo del Señor *Shiva*.

Para los hijos cristianos de *Amma*, la cruz es un símbolo del sacrificio. Cuando rezamos delante de una cruz, no pensamos en el hecho de que fuera un instrumento utilizado para crucificar a los criminales. La vemos como el símbolo del sacrificio y la compasión de Cristo. Cuando los hijos musulmanes de *Amma* se postran hacia la Meca, están pensando en las cualidades divinas.

No podemos entender por qué algunas personas ridiculizan e insultan los símbolos e imágenes divinos de la fe hinduista. El *Shiva linga* no es un símbolo de ninguna religión específica. De hecho, representa un principio científico.

En las matemáticas y la ciencia se utilizan muchos símbolos, como por ejemplo, los símbolos de la multiplicación y la división. ¿No es cierto que la gente de todas las religiones y países utiliza esos símbolos? Nadie pregunta a qué religión pertenecía el inventor de esos símbolos. Nadie rechaza los símbolos por esa razón. Todos los que quieren aprender matemáticas aceptan esos símbolos. Igualmente, nadie que realmente entienda el principio que hay detrás del *Shiva linga* puede rechazarlo.

Hijos míos, el término *linga* significa "el lugar de la disolución". El universo surge del *linga* y acaba disolviéndose en él. Los *rishis* de la antigüedad buscaron el origen del universo, y gracias a las austeridades que realizaron descubrieron que *Brahman*, la Realidad Absoluta, era el origen y el sustento de todo. No se puede describir a *Brahman* con palabras. No se puede señalar a *Brahman*. El comienzo y el final de todo está en Eso. *Brahman*, la morada de todos los atributos y cualidades, carece de atributos y cualidades, y también carece de forma. ¿Cómo se puede describir lo que carece de atributos? La mente y los sentidos sólo pueden captar lo que tiene atributos. En este difícil contexto, los sabios hallaron un símbolo que representara esa etapa inicial entre *Brahman* y la Creación: el *Shiva linga*. Representa la creación del universo a partir de *Brahman*. El *Shiva linga* es el símbolo que los *rishis* emplearon para revelar la Verdad que experimentaban de un modo que la gente corriente pudiera entender. Debemos entender que la Realidad Última sin atributos está más allá del nombre, la forma y la individualidad, pero que la gente necesita meditar en esa Realidad Última y adorarla de un modo accesible. Los *rishis* aceptaron el *Shiva linga* como un símbolo científico que puede usarse de este modo.

Los científicos que estudian determinados rayos que el ojo no puede ver utilizan símbolos para describírselos a los demás. Cuando oímos hablar de los rayos X, sabemos que son una radiación de un tipo determinado. Del mismo modo, cuando vemos el *Shiva linga*, comprendemos que es el *Brahman* sin atributos representado en su aspecto con atributos.

La palabra *shiva* significa "auspicioso". Lo auspicioso es una cualidad que no tiene forma. Adorando el *Shiva linga*, que es un símbolo de lo auspicioso, el adorador recibe aquello que es auspicioso. Lo auspicioso no establece distinciones como las de las castas. Cualquiera que adore el *linga* con la conciencia del principio detrás de él, se beneficiará de ello.

Hijos míos, al comienzo de la creación, el Principio Último se dividió en *prakriti*[25] y *purusha*[26]. Con la palabra *prakriti*, los *rishis* designaban el universo que podemos conocer y experimentar. Aunque normalmente *purusha* significa "macho", ese no es su significado aquí. El *purusha* es la

---

[25] El universo que conocemos y experimentamos; la naturaleza.

[26] La conciencia que habita en el cuerpo; la Conciencia-Existencia Universal pura e inmaculada.

conciencia del Ser. *Prakriti* y *purusha* no son distintos; son una sola cosa. No pueden separarse, igual que sucede con el fuego y su poder de quemar. Cuando se menciona la palabra *purusha*, los que no han estudiado la espiritualidad piensan en "masculino". Por eso al Ser Supremo, que es la Conciencia pura, se le asignó una forma masculina y se le dio el nombre de *Shiva*. Y se consideró *prakriti* algo femenino, que recibió los nombres de *Shakti* y *Devi*.

Todo movimiento tiene un sustrato subyacente inmóvil, igual que una mano de mortero actúa sobre la base inmóvil del mortero. *Shiva* es el principio inmóvil que sustenta todos los movimientos del universo, mientras que *Shakti* es el Poder que causa todos los movimientos. El *Shiva linga* es el símbolo de la unidad de *Shiva* y *Shakti*. Si meditamos en ese símbolo con concentración, esa Verdad Última despertará en nuestro interior.

También debemos pensar por qué se le dio esa forma al *Shiva linga*. Actualmente, los científicos dicen que el universo tiene forma de huevo. En la India, durante miles de años se ha llamado al universo *Brahmandam*, lo que significa "el gran huevo". *Brahman* significa lo más grande absoluto. El *Shiva linga* es un microcosmos de ese inmenso huevo cósmico. Cuando adoramos el *Shiva linga*, de hecho estamos adorando al universo entero como la forma auspiciosa y como la conciencia divina. Eso no es adorar a un Dios que se encuentre en algún lugar más allá del cielo. Eso nos enseña que cualquier servicio desinteresado prestado al universo, que incluye todos los seres vivos, es culto a *Shiva*.

Actualmente, nuestra situación es como la de una cría de pájaro que se encuentra dentro de la cáscara del huevo del ego. El polluelo sólo puede soñar con la libertad de los cielos, pero no puede experimentarla. Para experimentar esa libertad, el huevo tiene que incubarse al calor bajo el cuerpo de la madre pájaro, y de ese modo el polluelo podrá salir. Igualmente, para que disfrutemos de la dicha del Ser tiene que romperse la cáscara del ego. El *Shiva linga* con forma de huevo despierta la conciencia de esta verdad en el adorador.

Cantamos: "*Akasha linga pahi mam, atma linga pahi mam*", etc. El significado literal de las palabras es: "*Linga* celeste, protégeme, *linga* del Ser, protégeme". El verdadero significado de esto es: "Que Dios, que es omnipresente como el cielo, me proteja; que el Ser Supremo, que es mi propia verdadera naturaleza, me proteja".

Por lo tanto, *linga* no significa "falo", ya que ni los tontos le pedirían protección a los órganos sexuales de un macho.

Hijos míos, ¿quién se beneficia de ridiculizar y atribuir un significado inexistente a un símbolo divino que innumerables millones de personas han utilizado durante eras para elevar el alma? Esto sólo provoca ira y conflicto.

Los *Puranas*[27] dicen que el Señor *Shiva* quemó a *Kama*, el dios de la lujuria, con el fuego de su tercer ojo. Actualmente pensamos que las cosas materiales son reales, eternas y que nos pertenecen. Nos centramos exclusivamente en esas cosas. Sólo cuando se abre el tercer ojo del conocimiento, caemos en la cuenta de que todo eso es perecedero y sólo el Ser es eterno. Entonces podemos disfrutar de la dicha suprema. En ese estado, no hay diferencia entre masculino y femenino, lo mío y lo tuyo. Eso es lo que significa el decir que *Kama* fue destruido. El *Shiva linga* nos ayuda a entender este principio y libera la mente de la lujuria. Por eso, el *Shiva linga* lo adoraban tanto los hombres como las mujeres, los viejos y los jóvenes, el brahmán y el descastado.

---

[27] Epopeyas divinas, que describen las vidas de los dioses.

Sólo una mente ofuscada por la lujuria puede ver el *Shiva linga* como símbolo de la lujuria. Debemos explicarles a esas personas el principio que hay detrás del símbolo y así elevar su mente.

El *Shiva linga* representa el hecho de que *Shiva* y *Shakti* no sean dos sino sólo uno. Esto también se puede aplicar a la vida familiar. El marido y la esposa deben estar de acuerdo. Si bien es cierto que el hombre es el sostén de la familia, también lo es que la mujer es la *Shakti*, la fuerza de la familia. Probablemente no haya ningún otro símbolo mejor de la igualdad y el amor entre un hombre y una mujer. Por eso se le da tanta importancia al *Shiva linga* en los templos *Brahmasthanam* que *Amma* ha creado.

ॐ

Pregunta: Se dice que *Shiva* vive en los crematorios. ¿Qué significa eso?

Amma: El deseo es la causa del sufrimiento humano. La razón de que la mente corra detrás de todos los deseos es la percepción de que "yo no estoy completo". Nunca experimentarás la paz total si sólo te centras en obtener ganancias materiales. En los campos de cremación se reducen a ceniza todos los deseos materiales y el cuerpo, que es el instrumento utilizado para satisfacer esos deseos. Y ahí, donde esos deseos están ausentes y no hay conciencia del cuerpo, el Señor *Shiva* baila embriagado de dicha. Por eso se dice que vive en los campos de cremación. Eso no significa que sólo alcancemos la dicha después de morir. Todo está dentro de nosotros. Nosotros y el universo somos uno. Ambos somos igualmente completos. Pero, cuando el apego al cuerpo muere en el fuego de la conciencia del Ser, automáticamente nos llenamos de dicha.

El cuerpo de *Shiva* está adornado con ceniza de las piras funerarias. Este es el símbolo de haber vencido todos los deseos. Además, ponerse ceniza sagrada[28] en la frente es muy beneficioso para la salud. Y la mente cobra conciencia de la naturaleza perecedera del cuerpo. Eso nos inspira para que recordemos que este cuerpo pronto perecerá, y que debemos hacer buenas acciones lo antes posible, antes de que el cuerpo muera.

---

[28] Tradicionalmente, la ceniza sagrada (*bhasmam*, *vibhuti*) se hace quemando estiércol seco de vaca.

A *Shiva* se le llama "el desapegado" (*vairagi*). Desapego (*vairagya*) significa ausencia de apego. Los niños dan mucha importancia a sus juguetes, mientras que para los adultos esos mismos juguetes no significan nada. El desapego significa no dar excesiva importancia a la reputación o la posición, las comodidades corporales, la familia o los amigos. Si no adquirimos un verdadero desapego, nuestra felicidad dependerá de la punta de la lengua de los demás. Nuestra vida se convertirá en una marioneta en manos de los demás. La ecuanimidad es la que nos da la verdadera libertad. Si somos desapasionados, nada en el mundo podrá ocultar la dicha innata que hay en nosotros. *Shiva*, que se pone ceniza y vive en los crematorios, nos enseña este principio. Por eso, al Señor *Shiva* se le considera el primero entre los *gurus*.

Guía de pronunciación

Las palabras indias que aparecen en el libro están en transcripción inglesa. En esta "guía" indicamos cómo se pronuncian aproximadamente en español, así como el género de los sustantivos en nuestra lengua (femenino/masculino = f/m). En cada país hispanohablante la pronunciación del español es diferente. Aquí adoptamos la pronunciación castellana.

La letra "sh" se pronuncia en inglés como en "Shakira"; la dejamos así en español porque no tenemos ninguna letra equivalente. La "j" se pronuncia en inglés como en "John" (o como en catalán: "Jordi"): algo intermedio entre la "ll" y la "ch"; la transcribimos al español como "ll". La "r" siempre es suave, como en "cara", no como en "rosa", aunque vaya a principio de palabra. La "h" siempre es aspirada (excepto en la "ch" y la "sh", que son letras especiales), como en "house"; la dejamos en español porque nuestro sonido más cercano, una "j" suave, sigue siendo demasiado diferente. Cuando la palabra se pronuncie igual que se escribe en inglés, ponemos "íd.", para abreviar.

adharma: íd. (m)

advaita: aduaita (m)

Agastya Nadi: íd. (f)

Amma: íd. (f)

Amritapuri: íd. (f)

archana: árchana (m)

Arjuna: árlluna (m)

artha: íd. (m)

ashram: áshram (m)

asura: ásura (m)

Atharva: íd. (m)

atman: íd. (m)

avadhut(a): íd. (m)

Badarayana: Badará-yana (m)

Bhadra Kali: íd. (f)

Bhagavad Gita: Bhága-vad Guita (f)

bhaga: íd. (m)

Bhagavan: Bhagaván (m)

Bhagavatam: Bhágava-tam (m)

bhajan: bhallan (m)

bhakti: íd. (f)

bhakti yoga: íd. (m)

bhava: íd. (m)

bhasmam: bháshmam (m)

Bhima: íd. (m)

Brahma: íd. (m)

Brahman: íd. (m)

Brahmandam: Brahmándam (m)

Brahmasthanam: Brahmasthánam (m)

Brahma Sutras: íd. (m)

Brihadaranyaka Upanishad: Briha-darányaka Úpanis-had (f)

chakra: íd. (m)

darshan: íd. (m)

dasa: íd. (m)

deva: íd. (m)

Devi: íd. (f)
dharma: íd. (m)
dhri: íd.
Durga: íd. (f)
Dwapara Yuga:
    Duápara Yuga (m)
Dwaraka: Duáraka (f)
Ganesha: íd. (m)
Gita: Guita (f)
gopa: íd. (m)
gopi: íd. (f)
guru: íd. (m)
gurukula: gúrukula
    (m)
Hanuman: Hánuman
    (m)
hatha yoga: íd. (m)
Hiranya: íd. (m)
Hiranyakashipu:
    Hiranyakáshipu
    (m)
Hiranyaya namah:
    Hiranyaya namahá
homa: íd. (m)
Ishwara: Íshuara (m)
japa: llapa (m)

Jarasandha: íd. (m)
jivanmukta: llivan-
    mukta (m)
jnana: ñana (m)
jnana yoga: ñana yoga
    (m)
Kali: íd. (f)
Kalidas(a): Kálidas(a)
    (m)
Kali Yuga: íd. (m)
kama/Kama: íd. (m)
Kamsa: íd. (m)
karma: íd. (m)
karma yoga: íd. (m)
Kaurava: Káurava (m)
Kayadhu: íd. (f)
Kerala: Kérala (m)
Kollam: Kólam (m)
Krishna: íd. (m)
Krita Yuga: íd. (m)
kriya yoga: íd. (m)
kundalini: kúndalini
    (f)
kundalini yoga: kún-
    dalini yoga (m)
Kurukshetra: íd. (m)

laya yoga: íd. (m)

linga: íd. (m)

Madhurashtakam: Madhuráshtakam (m)

Magadha: Mágadha (m)

Mahabharata: Mahabhárata (m)

mahatma: íd. (m)

Maheswara: Mahéshuara (m)

mantra: íd. (m)

mantra yoga: íd. (m)

Mata Amritanandamayi: Mata Amritanandamayí (f)

Matangi: Matangui (f)

matham: mátham (m)

Mathura: Máthura (f)

maya: íd. (f)

Meghduta: íd. (m)

moksha: íd. (m)

mudra: íd. (f)

Muruga: Múruga (m)

nadopasana: nadopásana (f)

nadi: íd. (f)

nadi shastra: íd. (m)

Nambudiri: Nambúdiri

nara: íd. (m)

Narada: Nárada (m)

Narasimha: Narasinha (m)

Narayana: Naráyana (m)

natya shastra: íd. (m)

Pandava: Pándava

Parvati: Párvati (f)

payasam: páyasam (m)

Prahlada: íd. (m)

prakriti: prákriti (f)

prasad: íd. (m)

prasadam: prasádam (m)

puja: pulla (f)

purana: íd. (m)

purusha: púrusha (m)

purushartha: íd. (m)

Raguvamsa: Raguvans-
ha (m)

Rahu: íd. (m)

raja yoga: ralla yoga
(m)

Rama: íd. (m)

Ramayana: Ramáyana
(m)

Ratnakara: Ratnákara
(m)

Ravana: Rávana (m)

Rig: íd. (f)

rishi: íd. (m)

rsi: rishi (m)

Sabarimala: Shábari-
mala (m)

sahasrara: sahásrara
(m)

Sakuntala: Shakúntala
(f)

Sama: íd. (m)

samskara: sanskara (m)

Sanatana Dharma:
Sanátana Dharma
(m)

Saraswati: Sarásuati (f)

sarvam brahmamayam:
sárvam bráhmama-
yam

satya: íd. (m)

Satyam Sanatanam:
Sátyam Sanátanam

Satya Yuga: íd. (m)

Shakti: íd. (f)

Shankaracharya: íd.
(m)

shastra: íd. (m)

Shiva: íd. (m)

Shiva linga: íd. (m)

Shukla Yajurveda:
Shukla Yallurveda
(m)

siddhi: íd. (f)

Sita: íd. (f)

Sri Hari: Shri Hari (m)

Sri Krishna: Shri
Krishna (m)

Srimad Bhagavatam:
Shrímad Bhágava-
tam (m)

*Sri Mata Amritananda-
mayi Devi*: Shri

Mata Amritananda-mayí Devi (f)

Sri Rama: Shri Rama (m)

Sri Sankaracharya: Shri Shankaracharya (m)

Subramanya: Subrah-manya (m)

sushumna: íd. (f)

svara yoga: suara yoga (m)

Swami Jnananmrita-nanda Puri: Suami Ñanamritananda Puri (m)

tantra: íd. (m)

tapas: íd. (m)

upadhi: íd. (m)

upanishad: úpanishad (f)

vairagi: vairagui (m)

vairagya: vairaguia (m)

Valmiki: íd. (m)

vasana: vásana (f)

vastu: íd. (m)

Vasudaiva kutum-bakam: Vasudaiva kutúmbakam

Veda: íd. (m)

Vedanta: íd. (m)

Veda Vyasa: íd. (m)

vibhuti: íd. (f)

Vishnu: íd. (m)

viveka: íd. (m)

Vrindavan: íd. (m)

Vyasa: íd. (m)

yaga yajna: yaga yallña (m)

yajna: yallña (m)

Yajur: Yállur (m)

yoga: íd. (m)

yuga: íd. (m)

Glosario

Advaita: No dualismo. La filosofía que enseña que el Creador y la creación están unidos y no se pueden separar.

Archana: "Ofrenda para la adoración". Una forma de culto en la que se recitan los nombres de una deidad, normalmente 108, 300 o 1000 nombres por sesión.

Ashram: "Lugar de esfuerzo". Un lugar en el que los aspirantes espirituales viven o que visitan para llevar una vida espiritual y dedicarse a la práctica espiritual. Suele ser el hogar de un maestro espiritual, santo o asceta que guía a los aspirantes.

Asura: Un demonio; una persona con cualidades demoniacas.

Atman: El Ser, Espíritu o Conciencia trascendental, que es eterna; nuestra naturaleza esencial. Uno de los principios fundamentales del *Sanatana Dharma* es que somos el Ser (Espíritu) eterno, puro y sin mancha.

Avadhut(a): Un ser que ha logrado el Conocimiento del Ser y que no sigue las convenciones sociales. Desde las normas convencionales, a los *avadhuts* se los considera extremadamente excéntricos.

Bhagavad Gita: "La Canción del Señor". *Bhagavad* = del Señor; *gita* = canción; específicamente, consejo. Las enseñanzas que *Krishna* le dio a *Arjuna* en el campo de batalla de *Kurukshetra* al comienzo de la guerra del *Mahabharata*. Es una guía práctica para la vida diaria de todos, y contiene la esencia de la sabiduría védica. Se la suele llamar "la *Gita*".

Bhagavan: El Señor; Dios. Alguien dotado de seis cualidades divinas o *bhagas*: ocho *siddhis* (poderes), fuerza, gloria, buena suerte, conocimiento supremo y ecuanimidad.

Bhagavatam: Una de las dieciocho escrituras llamadas puranas, que trata especialmente de las encarnaciones de *Vishnu*, y con mucho detalle de la vida de Sri Krishna. Subraya la importancia del camino de la devoción. También llamado el *Srimad Bhagavatam*.

Bhajan: Canción devocional; canto devocional.

Bhakti: Devoción.

Bhakti yoga: "Unión por la devoción". El camino del amor y la devoción. El modo de lograr el Conocimiento del Ser mediante la devoción y la completa entrega a Dios.

Bhava: Actitud o estado divino.

Brahma, Vishnu y Maheswara (Shiva): Los tres aspectos de Dios, relacionados con la creación, la conservación y la disolución.

Brahman: La Realidad Absoluta, el Todo; el Ser Supremo; "Eso" que lo engloba y lo llena todo, que es Uno e indivisible.

Brahmandam: "El gran huevo"; el universo.

Brahma Sutras: Aforismos compuestos por el sabio *Badarayana* (*Veda Vyasa*) que exponen la filosofía vedántica.

Brahmán: En el sistema de castas de la India, los brahmanes eran los sacerdotes y maestros.

Darshan: Una audiencia con lo Divino o una persona santa o una visión de los mismos.

Deva: "El brillante". Un dios o ser celestial que existe en el plano astral, en un cuerpo sutil, no físico.

Devi: "La Resplandeciente". La Diosa, la Madre Divina.

Dharma: De la raíz *dhri*; sostener, mantener, soportar. A menudo se traduce simplemente como "rectitud". *Dharma* tiene muchos significados profundamente interrelacionados: lo que sostiene el universo, las leyes de la Verdad, las leyes universales, las leyes de la naturaleza, vivir de acuerdo con la armonía divina, la rectitud, la religión, el deber, la responsabilidad, la conducta correcta, la justicia, la bondad y la verdad. *Dharma* significa los principios interiores de la religión. Significa la verdadera naturaleza, las funciones y acciones propias de un ser o un objeto. Por ejemplo: el *dharma* del fuego es arder. El *dharma* de un ser humano es vivir en armonía con los principios espirituales universales y cultivar la conciencia divina.

Durga: Un nombre de la Diosa, la Madre Divina. A menudo se la representa empuñando varias armas y montando un león. Es la destructora del mal y la protectora del bien. Destruye los deseos y las tendencias negativas (*vasanas*) de sus hijos, y les desvela el Espíritu Supremo.

Ganesha: El hijo de *Shiva* y *Parvati*. *Ganesha* aparta los obstáculos y concede el éxito. Se le adora al comenzar todas las ceremonias y antes de iniciar cualquier nueva empresa. *Ganesha* tiene cabeza de elefante y su montura es un ratón. Esto representa el hecho de que Dios existe en todas las criaturas, desde la más grande hasta la más pequeña. También simboliza la victoria sobre todos los deseos. Los detalles visuales de *Ganesha* denotan profundos significados filosóficos destinados a guiar al aspirante espiritual.

Gita: Canción. Véase *Bhagavad Gita*.

Guru: "El que elimina la oscuridad de la ignorancia". Maestro o guía espiritual.

Gurukula: Un *ashram* con un *guru* vivo, en el que hay estudiantes que viven y que estudian con el *guru*. En la antigüedad, los *gurukulas* eran internados en los que los jóvenes recibían una educación completa basada en los *Vedas*.

Hatha Yoga: Un sistema de ejercicios físicos y mentales desarrollado en tiempos antiguos para convertir el cuerpo y sus funciones vitales en instrumentos perfectos que contribuyan a lograr el Conocimiento del Ser.

Homa: Ritual del fuego sagrado.

Ishwara: Dios. El aspecto personal de la Realidad Absoluta; el que controla; el punto causal de la creación.

Japa: Repetición de un mantra, una oración o uno de los nombres de Dios.

Jivanmukta: El estado de Conocimiento del Ser o iluminación logrado mientras todavía se está vivo.

Jnana: "Conocimiento". El conocimiento supremo es una experiencia directa, más allá de cualquier posible percepción de la mente, el intelecto o los sentidos limitados. Se logra mediante la práctica espiritual y la gracia de Dios o el maestro espiritual.

Jnana Yoga: "Unión por el camino del conocimiento". El camino espiritual del conocimiento supremo, que comporta la intuición y la comprensión de la verdadera naturaleza del Ser y del mundo. Esto implica un estudio profundo y serio de las escrituras, desapego (*vairagya*), discernimiento (*viveka*), meditación y el método intelectual de auto-indagación –"¿Quién/qué soy 'yo'?" y "Yo soy *Brahman*"–, que se usa para trascender la ilusión de *maya* y lograr el estado de Conocimiento del Ser.

Kali: "La Oscura". Una forma de la Madre Divina. (En este contexto, "oscura" se refiere a su carencia de límites y al hecho de que sea incognoscible e incomprensible para el alcance muy limitado de la mente y el intelecto.) Desde el punto de vista del ego, puede parecer aterradora porque destruye el ego; pero destruye el ego y nos transforma sólo por su inmensa compasión. *Kali* tiene muchas formas. En su forma benévola se la conoce como *Bhadra Kali*. Un devoto sabe que, tras su feroz apariencia, se halla la Madre amorosa, que protege a sus hijos y concede la gracia de la iluminación.

Kalidas: (Alrededor de 400 d.C.) El mayor poeta y dramaturgo en sánscrito de la India. Autor de *Meghduta*, *Raguvamsa*, *Sakuntala*, etc.

Kama: Lujuria.

Karma: Acción, acto.

Karma Yoga: "Unión por medio de la acción". El camino espiritual del servicio desapegado y desinteresado y de la dedicación del fruto de todas las acciones a Dios.

Krishna: "El que nos atrae hacia sí"; "el Oscuro". (En este contexto, "oscuro" se refiere a su carencia de límites y al hecho de que sea incognoscible e incomprensible para el alcance muy limitado de la mente y el intelecto.) Nació en una familia real, pero creció con padres adoptivos y vivió como un joven vaquero en *Vrindavan*, donde fue amado y adorado por sus devotas compañeras, las *gopis* (lecheras y vaqueras) y los *gopas* (vaqueros). Más tarde *Krishna* se convirtió en el gobernante de *Dwaraka*. Fue amigo y consejero de sus primos, los *Pandavas*, especialmente de *Arjuna*, al que reveló sus enseñanzas (véase *Bhagavad Gita*).

Kriya yoga: Una parte de las prácticas tántricas tradicionales, principalmente ejercicios de respiración.

Kundalini: "El Poder de la Serpiente". La energía espiritual que reposa como una serpiente enroscada en la base de la columna vertebral. Mediante la práctica espiritual se la hace ascender por el canal *sushumna*, un nervio sutil que está dentro de la columna, y moverse hacia arriba a través de los *chakras* (centros de energía). A medida que *kundalini* sube de un *chakra* al siguiente, el aspirante espiritual empieza a experimentar niveles más finos, más sutiles, de conciencia. Finalmente, *kundalini* llega al *chakra* más alto, en la coronilla, el *sahasrara*. Este proceso de despertar de *kundalini* lleva al Conocimiento del Ser.

Laya yoga: "Unión mediante la disolución o absorción". Se basa en el desarrollo de los *chakras* y el despertar de la energía *kundalini*. Un *yoga* por el que la naturaleza inferior del aspirante se disuelve y uno se despierta a la dicha y la conciencia trascendental.

Linga: "Símbolo", "signo definitorio". El principio de la creatividad, a menudo adorado como un símbolo del Señor *Shiva*. Un *Shiva linga* suele ser una piedra alargada ovalada.

Mahabharata: Una de las dos grandes epopeyas históricas indias, junto con el *Ramayana*. Es un gran tratado sobre el *dharma* y la espiritualidad. La historia trata principalmente sobre el conflicto entre los *Pandavas* y los *Kauravas*, y la gran guerra de *Kurukshetra*. Contiene cien mil estrofas y es el poema épico más largo del mundo. Fue escrito alrededor del 3.200 a.C. por el sabio *Vyasa*.

Mahatma: "Gran alma". Cuando *Amma* usa el término *mahatma*, se está refiriendo a un alma realizada.

Mantra: Fórmula sagrada u oración que se repite constantemente. Esto despierta el propio poder espiritual dormido y ayuda a alcanzar la meta suprema. Es más eficaz cuando se ha recibido durante la iniciación impartida por un maestro espiritual con Conocimiento. Un *mantra* está relacionado esencialmente con la realidad que representa, ya que es esa realidad en su forma "seminal". El *mantra* o "semilla" que se halla dentro del aspirante se alimenta repitiéndolo constantemente con concentración, hasta que acaba germinando en la experiencia de la Realidad Suprema.

Matham: Religión.

Maya: Ilusión; el poder o velo divino con el que Dios, en el juego divino de la Creación, Se oculta y aparece como muchos, creando de ese modo la ilusión de la separación. Como *maya* vela la Realidad, nos engaña, haciéndonos creer que la verdadera perfección se halla fuera de nosotros mismos.

Moksha: Liberación espiritual final.

Mudra: Un gesto o postura física, generalmente adoptada con las manos y dotada de un profundo significado espiritual.

Muruga: "El Bello". También se le llama *Subramanya*. *Muruga* es un dios creado por *Shiva* para ayudar a las almas en su evolución, especialmente mediante la práctica del yoga. Es el hermano de *Ganesha*.

Nadi Shastra: *Nadi* = conducto. Rama particular de la astrología predictiva, es decir, del *Agastya Nadi*.

Nadopasana: Devoción y culto por medio de la música.

Narasimha: El Hombre-León Divino; una encarnación parcial de *Vishnu*.

Narayana: *Nara* = conocimiento, agua. "El que habita en las aguas causales". Un nombre de *Vishnu*.

Natya Shastra: La ciencia de la danza, la música y el teatro.

Parvati: "Hija de la montaña". Consorte divina de *Shiva*; un nombre de la Diosa, la Madre Divina.

Payasam: Un plato dulce de arroz.

Prakriti: La naturaleza primordial; el principio material del mundo que, conjuntamente con *Purusha*, crea el universo; la materia básica de la que está hecho el universo.

Prasad(am): Ofrenda consagrada o regalo de una persona santa o un templo, a menudo en forma de comida.

Puja: "Adoración". Ritual sagrado; culto ceremonial.

Purana: Los *Puranas* son historias épicas que narran las vidas de los dioses, por medio de las cuales se exponen los cuatro objetivos de la humanidad (*purusharthas*): vida recta (*dharma*), riqueza (*artha*), deseo (*kama*) y liberación (*moksha*).

Purusha: La conciencia que habita dentro del cuerpo; la Conciencia/Existencia pura y sin mancha.

Raja Yoga: El camino de la meditación.

Rama: "El que da Alegría". El héroe divino de la epopeya *Ramayana*. Era una encarnación del Señor *Vishnu*, y se le considera el ideal del *dharma* y la virtud.

Ramayana: "La vida de *Rama*". Una de las dos grandes epopeyas históricas de la India (la otra es el *Mahabharata*), que expone la vida de Rama, escrita por *Valmiki*. *Rama* era una encarnación de *Vishnu*. Una parte importante de la epopeya describe cómo *Sita*, la esposa de *Rama*, fue secuestrada y llevada a Sri Lanka por *Ravana*, el rey demonio, y cómo fue rescatada por *Rama* y sus devotos, incluido su gran devoto *Hanuman*.

Rishi: *Rsi* = conocer. Sabio autorrealizado. Se suele referir a los siete *rishis* de la antigua India, es decir, almas autorrealizadas que podían "ver" la Verdad Suprema.

Samskara: *Samskara* significa dos cosas: la totalidad de las impresiones grabadas en la mente por las experiencias, de esta vida u otras anteriores, que influyen en la vida de un ser humano: su naturaleza, acciones, estado mental, etc.. Suscitar la comprensión (conocimiento) correcta en cada persona, lo que redunda en la educación de su carácter.

Sanatana Dharma: La Religión Eterna; el Principio Eterno. El nombre tradicional del hinduismo.

Saraswati: La Diosa del Saber.

Satya: Verdad.

Satya Yuga: La Edad de la Verdad (*satya*); también llamada *Krita Yuga*. Hay un ciclo de cuatro edades o períodos de tiempo en la creación (véase *yuga* en el glosario). El *Satya Yuga* es la edad en la que la bondad y la verdad prevalecen en todas partes, y todas las manifestaciones o actividades se acercan al ideal más puro. A veces llamada la Edad de Oro.

Shakti: Poder; un nombre de la Madre Universal, el aspecto dinámico de *Brahman*.

Shankaracharya: (788 – 820 d.C.) Un gran filósofo que revivió y revitalizó la religión hinduista. Fundador de la escuela *Advaita*, que afirma que sólo *Brahman* es real y todo lo demás es falso.

Shastra: Ciencia o conocimiento especializado.

Shiva: "El Auspicioso"; "el Gracioso"; "el Bondadoso". Una forma del Ser Supremo. El Principio masculino; la Conciencia. También, el aspecto de la Trinidad relacionado con la disolución del universo, la destrucción de aquello que, en último término, no es real.

Shiva linga: Un *linga* que simboliza a *Shiva* (véase *linga*).

Svara Yoga: El camino de utilizar ejercicios respiratorios para lograr el Conocimiento del Ser.

Tantra: Un sistema tradicional de prácticas espirituales que capacita al practicante que se halla en medio de las actividades mundanas para descubrir que la alegría que se experimenta en los objetos en realidad procede del interior.

Tapas: "Calor". Autodisciplina, austeridades, penitencia y autosacrificio; prácticas espirituales que queman las impurezas de la mente.

Templo Brahmasthanam – "La morada de *Brahman*". Estos templos excepcionales, nacidos de la intuición divina de *Amma*, son los primeros que representan distintas deidades en la misma piedra. Esta piedra, que tiene cuatro lados, representa a *Ganesha*, *Shiva*, *Devi* y *Rahu*, y hace resaltar la unidad inherente que subyace a los múltiples aspectos de lo Divino. Hay dieciséis de estos templos por toda la India y uno en Mauricio.

Tres mundos, los: El cielo, la tierra y el infierno; los tres estados de conciencia.

Upadhi: Accesorio limitador, como, por ejemplo, el nombre, la forma, el atributo; instrumento, herramienta.

Upanishad: "Sentarse a los pies del Maestro"; "lo que destruye la ignorancia". Las *Upanishads* son la parte cuarta y final de los *Vedas*. Exponen la filosofía llamada *Vedanta*.

Vairagi: "El desapegado" (se refiere a *Shiva*).

Vairagya: Desapego, ecuanimidad.

Valmiki: Un ladrón que, cuando comprendió lo erróneos que eran sus valores y sus creencias y después de realizar rigurosas prácticas espirituales bajo la guía de los *rishis*, se convirtió en un gran santo. Es un gran ejemplo de que es posible morir completamente al pasado, independientemente de lo negativas que hayan podido ser las propias acciones.

Vastu: "Naturaleza"; "medio ambiente". La antigua ciencia védica de la arquitectura, que comprende complejos principios y prácticas para construir edificios que posean un equilibrio armónico con la naturaleza y el universo.

Vedanta: "Conclusión de los *Vedas*". La filosofía de las *Upanishads*, la parte final de los *Vedas*, que afirma que la Verdad Última es "Una y sin segunda".

Vedas: "Conocimiento, sabiduría". Las antiguas escrituras sagradas del hinduismo. Una colección de textos sagrados en sánscrito que se dividen en cuatro partes: *Rig*, *Yajur*, *Sama* y *Atharva*. Los *Vedas*, que se encuentran entre las escrituras más antiguas de la humanidad, constan de cien mil estrofas, además de partes en prosa. Fueron traídos al mundo por los *rishis*, que eran sabios autorrealizados. Se considera a los *Vedas* la revelación directa de la Verdad Suprema.

Vishnu: "El Omnipresente". Un nombre de Dios. Se le suele adorar bajo la forma de dos de sus encarnaciones: *Krishna* y *Rama*.

Viveka: Discernimiento; la capacidad de discernir entre lo real y lo irreal, entre lo eterno y lo transitorio, el *dharma* y el *adharma* (maldad), etc.

Yaga yajna: Complejo rito sacrificial védico.

Yajna: Ofrenda.

Yoga: "Unir". Unión con el Ser Supremo; un término general que designa los distintos métodos prácticos por los que se puede lograr la unidad con lo Divino; un camino que lleva al Conocimiento del Ser.

Yuga: Edad o eón. Hay cuatro *yugas*: *Satya* o *Krita Yuga* (la Edad de Oro), *Treta Yuga*, *Dwapara*

Yuga y *Kali Yuga* (la Edad Oscura). Actualmente vivimos en el *Kali Yuga*. Se dice que los *yugas* se suceden unos a otros casi interminablemente.

www.ingramcontent.com/pod-product-compliance
Lightning Source LLC
Chambersburg PA
CBHW061828040426
42447CB00012B/2875